Copyright © 2016 Pierre Launay

Tous droits réservés.

ISBN : 978-2-37087-043-8

Lorsqu'il n'écrit pas, Pierre Launay est musicien, chanteur, metteur en scène et comédien.

PNL

-

Tous victimes

Manipulez-les tous,
Dieu reconnaîtra les siens !

Comédie

Pierre Launay

*À défaut d'aimer tout le monde,
on peut toujours faire semblant.*

Argument

Depuis quelques années, la PNL (Programmation Neurolinguistique) se propage dans les formations initiales ou formations continues de nombreux métiers d'accueil et de service. Cette pratique dont les origines sont intéressantes à connaître (elle est le sous-produit commercial de recherches peut-être sincères dans le domaine de la psychothérapie) tend à persuader chacun de nous qu'à côté ou à la place des chemins humanistes classiques d'amélioration de soi-même, de sa culture, de son intelligence ou de sa capacité déductive, il existerait un chemin court vers le succès qui consisterait à manipuler l'esprit d'autrui.

L'idée n'est pas nouvelle. C'est ni plus ni moins celle des philtres d'amour du Moyen Âge qu'on retrouve dans les contes de fées ou dans les histoires divertissantes (dans le Songe d'une Nuit d'Été c'est un philtre qui rend la très belle Titania amoureuse d'un âne.) Ce fantasme a toujours fait sourire quand il ne faisait pas peur, mais il était assez peu répandu dans la pratique. Mais les moyens de diffusion modernes, benoîtement relayés par les organismes de formation, donnent à la PNL une crédibilité sur laquelle il faut à mon avis se poser des questions.

La démocratie grecque proposait le remplacement de la loi du plus fort par l'élévation de l'être humain dans la culture et la connaissance. Le collectivisme, caricaturant la République, proposait la loi du plus nombreux. La PNL, elle, propose de remplacer les questions existentielles par des réponses qu'on sait pertinemment fausses, voire toxiques, mais dont on persuade le public - le peuple - qu'elles sont suffisantes et justes. Elle tient le succès, la popularité, l'empathie pour la valeur suprême et accepte les tyrans pourvu qu'ils soient sympathiques.

C'est le masque moderne des dévots du Tartuffe : un groupe réuni autour d'un faisceau de croyances ridicules qu'il s'agit d'imposer plus que de discuter, et qui, pour se définir, dessine les limites de la nouvelle hérésie. Ceux qui n'y croient pas, qui cherchent à échapper à son très médiocre message sont petit à petit considérés comme des esprits forts, des mauvais coucheurs, des asociaux, alors que la PNL est aujourd'hui imposée, sous une forme ou une autre, dans la plupart des formations professionnelles en marketing, management, gestion des ressources humaines, mais aussi métiers de l'accueil, personnel soignant, etc.

La PNL est partout, et il est assez facile de la voir. Dès l'instant que votre interlocuteur s'intéresse plus aux mouvements de vos yeux, de vos mains, à votre comportement corporel qu'à vos propos, vos arguments, en somme, à ce que vous dites, il y a de bonnes chances qu'il soit passé entre les mains de « maîtres en PNL ». Non, ce n'est pas une plaisanterie : la PNL, comme toute secte qui se respecte, utilise et revendique ces appellations ridicules, car il est de fait que passé un certain seuil, le ridicule fédère, agglomère, coagule…

Mais il ne tue pas, paraît-il.

Personnages

Par ordre d'apparition :

- Amalia, pharmacienne, petite quarantaine, épouse de Jean-Christian,
- Jean-Christian, maître en PNL, la quarantaine, époux d'Amalia,
- Clara, hôtesse de l'air, 25-30, épouse de Laurent,
- Laurent, moniteur de ski, petite trentaine, potier, moniteur de voile, époux de Clara,
- Caroline, agent immobilier, quarantaine, amie et plus de Paul, ex-belle-mère d'Amalia,
- Paul, agent immobilier, la cinquantaine, ami et plus de Caroline.

ACTE PREMIER

La scène est chez Amalia et Jean-Christian, dans la salle à manger. Grand canapé, table basse, beaucoup de place.

Acte I scène I - Amalia.

Amalia est seule. Elle dispose des verres, des bouteilles et des biscuits pour un apéritif. Il y a de la musique d'ambiance, un peu fort. Elle parle à quelqu'un qui est dans une autre pièce.

AMALIA.

— Et il y aura Caroline et Paul aussi. Nous serons six. J'ai invité les Ducaillon, mais ils ne viendront pas… Comme d'hab… Six, enfin, quatre, c'est bien non pour les accueillir ? Qu'est-ce que tu en penses ? Et puis ils nous connaissent déjà un peu puisque tu as discuté avec Clara l'autre jour… Ils m'ont vraiment fait bonne impression tous les deux… Ils sont très jeunes… Ils doivent avoir dans les vingt-cinq ans, pas plus. Hein chéri, qu'est-ce que tu en dis ? Vingt-cinq ans ? Chéri ? Tu m'entends ? Et ils ont l'air tellement amoureux ! N'est-ce pas chéri, qu'ils ont l'air très amoureux ?.. Chéri ? Mais qu'est-ce que tu fais ? Jean-Christian !!! Ah ! Mais c'est pénible à la fin ! Pourquoi tu ne me réponds jamais quand je te parle ! Acte I scène II - Amalia, Jean-Christian.

Jean-Christian entre avec un air parfaitement dégagé, un journal à la main. Impossible de deviner ce qu'il était en train de faire. Il est impeccable, vêtements sages et distingués, assez chics, même.
Pendant toute la scène qui vient, il va ostensiblement imiter les gestes d'Amalia, ce qui a pour effet de la subjuguer immédiatement.

JEAN-CHRISTIAN.

– Je suis là !

AMALIA.

– Mais où étais-tu ?

JEAN-CHRISTIAN.

– Je suis allé chercher du vin…

AMALIA.

– À la cave… ?

JEAN-CHRISTIAN.

– Si tu veux mon amour…

AMALIA.

– Mais…

JEAN-CHRISTIAN.

– Oui ?

AMALIA.

– On n'a pas de cave… !

JEAN-CHRISTIAN.

– Mais c'est vrai… !

AMALIA, *elle le regarde un instant déconcertée, puis, éclate d'un rire idiot.*

– C'est pour ça que tu ne m'entendais pas…

JEAN-CHRISTIAN.

– C'est pour ça…

Amalia rit encore un peu, d'un rire faux, trop fort et bête. On sent qu'elle ne maîtrise pas tout, qu'elle n'a pas bien compris, que Jean-Christian ne répond jamais… Jean-Christian rit avec elle, d'un rire retenu. Il l'observe en riant.

AMALIA.

– Est-ce que ça va mon maquillage ?

JEAN-CHRISTIAN.

– Ton maquillage ?

AMALIA.

– Oui, est-ce que ça va ?

JEAN-CHRISTIAN.

– Si ça va ? Oui, ça va… Qu'en dis-tu ?

AMALIA.

– Eh bien je te demande !

JEAN-CHRISTIAN.

– Oui c'est vrai, tu me demandes.

AMALIA.

– Parce que j'ai envie d'avoir ton avis…

JEAN-CHRISTIAN.

– Tu aimes que je te donne mon avis…

AMALIA.

– Je n'ai pas eu le temps de préparer des canapés pour l'apéritif, j'ai tout acheté !

JEAN-CHRISTIAN.

– Bien oui, si tu n'as pas eu le temps… Il valait mieux tout acheter…

AMALIA.

– Et ma tenue… Ça ne fait pas trop…

JEAN-CHRISTIAN.

– Non, pas du tout !

AMALIA.

– Parce que je ne voudrais pas avoir l'air…

JEAN-CHRISTIAN.

– Non, non, pas du tout !

AMALIA.

– Je suis contente !

JEAN-CHRISTIAN.

– Oui, je suis content…

AMALIA.

– C'est super qu'ils viennent non ?

JEAN-CHRISTIAN.

– C'est super qu'ils viennent…

AMALIA.

– Et aussi Caroline et Paul !

JEAN-CHRISTIAN.

– Et Paul oui.

AMALIA.

– Et Carla…

JEAN-CHRISTIAN.

– Oui, Carla…

AMALIA.

– Dans les vingt-cinq ans…

JEAN-CHRISTIAN.

– C'est vrai, vingt-cinq…

AMALIA.

– Tu le savais ?

JEAN-CHRISTIAN.

– Oui tu as raison, je le savais…

AMALIA.

– Je te disais… *(On sonne.)* Ah ! Les voilà !

Acte I scène III - Amalia, Jean-Christian, Clara, Laurent.

Entrent Clara et Laurent, un peu endimanchés, avec un petit bouquet de fleurs et une bouteille à la main. Salutations, exclamations « mais il ne fallait pas » etc.

AMALIA.

– Et bien, justement, on parlait de vous… Enfin, évidemment puisque vous alliez venir… Et je demandais à Jean-Christian si vous aviez résolu votre problème heu. Carla… C'est bien Carla n'est-ce pas ?

CLARA.

– C'est Clara !

AMALIA.

– Mais oui, Clara ! Que je suis bête !

LAURENT.

– Carla, c'est l'autre…

AMALIA, *interloquée*.

– Hein ? Mais quelle autre ?

JEAN-CHRISTIAN.

– Mais « l'autre » enfin chérie… L'ex de l'ex… !

AMALIA.

– L'ex d'Alex ? Mais c'est qui Alex ?

JEAN-CHRISTIAN.

– Mais oui, c'est vrai ça, c'est qui ?

CLARA.

– Heu… Alex ?

JEAN-CHRISTIAN, *à Amalia.*

– Alex ? C'est bien ça ?

AMALIA.

– Je crois oui…

JEAN-CHRISTIAN, *à Clara.*

– Oui, bien sûr…

CLARA.

– Heu… Pardonnez-moi, mais je ne…

LAURENT.

– Excusez-moi, c'est de ma faute… Ça foire toujours quand je veux faire de l'humour…

CLARA.

– Mais non, mon Laurent… Faut pas dire ça ! Des fois tu es drôle ! Tiens par exemple l'autre jour chez les Machin Chouette là, quand tu as dit… Mais qu'est-ce que tu as dit déjà ? Ah oui !.. Ben non… Finalement tu as raison, c'était pas drôle. C'est Laurent ! C'est mon mec, il est pas drôle du tout mais je l'aime quand même !

JEAN-CHRISTIAN.

– Alors comment ça s'est passé cet entretien avec votre chef ?

CLARA.

– Gé-nial ! Il a dit oui à tout ! Jean-Christian vous êtes un génie ! J'ai tout bien fait comme vous m'avez montré, j'ai regardé dans quelle direction allait son regard quand il réfléchissait, ce qu'il faisait avec ses mains, et je faisais pareil. Vive la PNL ! *(À Amalia).* Je peux l'embrasser ?

On sonne.

Acte I scène IV - Amalia, Jean-Christian, Clara, Laurent, Caroline, Paul.

Entrent Caroline et Paul avec une bouteille et un bouquet. Effusions, embrassades etc.

CAROLINE.
– Bonjour ma petite Clara !

CLARA.
– Bonjour Caroline ! Comment allez-vous ?

CAROLINE.
– Très bien, très bien, puisque je vous vois ! *(Elle se tourne vers Laurent.)* Bonsoir Laurent !

LAURENT.
– Bonsoir Caroline !

CAROLINE.
– On s'embrasse ?

LAURENT.
– Avec plaisir !

CAROLINE.
– Ben évidemment avec plaisir sinon c'est d'un chiant ! *(Ils s'embrassent.)* Alors ? Comment ça se passe cette installation ?

CLARA.
– Très bien merci… Grâce à vous…

CAROLINE.

– Oh moi, je n'y suis pour rien ! À l'agence c'est Paul le grand manitou !

PAUL.

– Bonsoir, Clara. Ne l'écoutez pas… Gare à moi si je ne fais pas exactement ce qu'elle dit… !

AMALIA.

– Bonsoir, Caroline ! *(À Clara.)* Je confirme ce que dit Paul : c'est elle qui porte la culotte !

CAROLINE, *qui ne l'écoutait pas.*

– Ben évidemment ! On se connaît à peine… Ça les aurait mis mal à l'aise si j'étais venue sans dès le premier soir…

AMALIA.

– Caroline, je ne parlais pas de ça !

CAROLINE.

– Tu étais en train de dire que je portais une culotte !

AMALIA.

– Pas <u>une</u> culotte, <u>la</u> culotte ! C'est une expression !

CAROLINE.

– N'importe quoi ! C'est un string !

LAURENT.

– Quoi qu'il en soit, nous vous devons une fière chandelle ! Cette maison est géniale, exactement ce qu'on voulait !

PAUL.

– Ah ? Parce que vous aviez une idée précise de ce que vous vouliez ?

CLARA.

– Mais parfaitement ! On voulait une maison où on pourrait… Heu… En fait, ça ne vous regarde pas !

AMALIA.

– Une maison pour s'aimer !

LAURENT.

– Oui voilà… C'est exactement ça !

AMALIA.

– Tu entends ça Jean-Christian ? Comme c'est romantique !

JEAN-CHRISTIAN.

– Oui, très romantique…

CAROLINE.

– Bon, Cri-Cri, on boit un coup ?

JEAN-CHRISTIAN.

– Je m'en occupe !
Jean-Christian s'active auprès de la boisson.

AMALIA.

– J'aime pas quand tu l'appelles comme ça ! Son nom c'est Jean-Christian !

CAROLINE.

– Mais il adore ça. Pas vrai Cri-Cri ?

AMALIA, *à Caroline et Paul, sur un ton de confidence.*

– Quand vous êtes arrivés, Jean-Christian nous racontait comment il a aidé Clara à triompher de son patron…

LAURENT.

– Et même, elle allait l'embrasser…

CAROLINE.

– Ah oui ? Quelle idée !

PAUL.

– Raconte-nous ça, Jean-Christian !

JEAN-CHRISTIAN.

– Et bien voilà…

AMALIA, *l'interrompant.*

– Il faut vous dire qu'on est allés leur proposer nos services quand ils sont arrivés avec leur camion de déménagement…

CLARA.

– Oui, merci encore ! Ça nous a fait tellement plaisir ! Pas vrai, Laurent ?

LAURENT.

– Si, si, tout à fait ! D'autant plus qu'on n'arrivait pas à mettre la main sur le tire-bouchon alors vous comprenez…

CLARA.

– C'était censé être drôle là ?

LAURENT.

– Ah non, absolument pas…

CLARA.

– Tant mieux… *(à Jean-Christian.)* Alors, donc…

JEAN-CHRISTIAN.

– Et bien, Clara n'arrivait pas à convaincre son chef de la changer d'affectation. Elle était tout à fait désespérée…

CLARA.

– Oui, enfin, il ne faut pas exagérer ! J'en étais pas au point de…

JEAN-CHRISTIAN.

– Alors je lui ai donné quelques conseils.

CLARA.

– Vous êtes un magicien ! J'ai fait exactement ce que vous m'avez conseillé, j'ai bougé comme lui, j'ai adopté une attitude d'écoute ouverte et positive, je lui renvoyais une image valorisante de lui-même…

CAROLINE.

– Vous avez couché avec lui ?

CLARA, *riant.*

– Même pas besoin ! Juste, je le regardais comme si je le voyais pour la première fois, la bouche entrouverte et l'œil humide, je trouvais génial tout ce qu'il disait, je faisais les mêmes mouvements que lui, je respirais en même temps que lui et ça a suffi.

CAROLINE.

– Ah… Dommage ! Il est moche ?

CLARA.

– Non, non, il est plutôt beau gosse…

CAROLINE.

– Ben alors ?

JEAN-CHRISTIAN.

– Mais enfin Caroline… Il ne s'agit pas de coucherie ! C'est fini ce temps-là ! Maintenant, quand on veut quelque chose, il y a la PNL !

CAROLINE.

– Et ça remplace l'amour ?

JEAN-CHRISTIAN.

– Ça remplace le harcèlement sexuel, oui…

CAROLINE, *à Amalia.*

– Et il te le fait à toi ?

AMALIA, *rit un peu bêtement.*

– Ah mais non, mais pas du tout, tu penses !

CAROLINE.

– Mais alors, il te fait quoi ?

AMALIA, *énervée.*

– Autre chose, voilà !

CAROLINE, *moqueuse.*

– Ben Dis donc, ça te fait de l'effet !

LAURENT.

– Et comment ça marche votre truc qui empêche ma femme de coucher avec son patron ?

JEAN-CHRISTIAN.

– Heu…

LAURENT.

– Non, j'rigole…

AMALIA.

– Mais vous avez tort ! C'est très sérieux ! C'est très bien la PNL et Jean-Christian y remporte de grands succès !

CAROLINE, *à part.*

– Gnagnagna…

CLARA.

– Ça ne m'étonne pas du tout *(À Jean-Christian, flatteuse.)* Vous êtes réellement très fort ! Après dix minutes d'entretien, il me mangeait littéralement dans la main.

JEAN-CHRISTIAN.

– C'est l'enfance de l'art vous savez…

CAROLINE, *à part.*

– L'enfance de l'art… C'est de la manipulation, oui…

Paul.

– Mais c'est quand même extraordinaire ce truc ! *(À Clara.)* Et vous disiez qu'il était fermement opposé à cette décision quelques jours auparavant ?

Clara.

– Oui, tout à fait ! Il ne voulait pas en entendre parler. Et puis là, j'ai fait ce que m'avait dit Jean-Christian et je l'ai retourné… Pffuit ! Comme un gant !

Paul, *à Jean-Christian.*

– Allez, Jean-Christian, il faut nous en dire plus là. Si c'est un système qui subjugue les interlocuteurs, moi je veux apprendre à m'en servir !

Jean-Christian, *avec un coup d'œil à Caroline.*

– J'expliquerais bien volontiers, mais je ne suis pas certain que ça plaise à tout le monde…

Caroline.

– Ben bien sûr que ça ne me plaît pas ! C'est des procédés malhonnêtes…

Amalia.

– Mais pourquoi ce serait malhonnête ? Personne ne s'en plaint ! C'est juste un moyen d'aider les gens à prendre une décision…

Caroline.

– Une décision qu'ils ne voulaient pas prendre ! C'est du viol ! Moi, quand je dis « non », c'est non. Et si on réussit à me persuader que ça voulait dire « oui », eh bien on a trahi ma parole. Après, il y a peut-être des gens qui sont contents de se faire violer…

Clara.

– Tu exagères Caroline. Je ne l'ai pas violé mon patron ! Je l'ai amené à prendre une décision, c'est très différent !

CAROLINE.

– Tu l'as fait céder sans avancer aucun argument, simplement parce que tu as fait en sorte qu'il te trouve sympathique… C'est assez classique comme manière de faire et nous, les femmes, nous connaissons ça depuis longtemps. Maintenant, qu'on en fasse un système, quelque part ça me dégoûte un peu.

PAUL.

– En fait, ce qui t'embête, c'est que n'importe qui puisse apprendre à faire un truc que tu croyais être la seule à pouvoir utiliser…

CAROLINE.

– Peut-être, oui. Ça me fait le même effet que quand on met des flingues dans les mains des policiers municipaux et qu'on ne leur apprend pas à s'en servir : ils se mettent à oublier que leur boulot n'est pas de menacer les gens mais au contraire de leur venir en aide et d'améliorer la vie en société. Avec un flingue dans les mains, ils n'ont plus besoin d'être aimables, il leur suffit d'être menaçants.

CLARA.

– Franchement Caroline, je ne vois pas le rapport !

LAURENT.

– Si, si, je crois que je comprends : si on considère que la séduction est une arme et que la PNL enseigne la séduction à tout le monde en toutes circonstances, on va tous passer notre temps à se faire séduire par le premier imbécile venu pour se faire refiler n'importe quoi…

Tout le monde le regarde, perplexe.

CLARA.

– Tu peux répéter ? Je m'attendais tellement à ce que tu dises une connerie que je n'ai pas écouté !

Laurent.

– Si PNL arme, alors tout le monde tuer tout le monde ! Toi comprendre ?

Amalia.

– Mais enfin, pourquoi vous parlez d'arme ? La PNL n'a rien à voir avec ça ni avec la séduction ! Moi je trouve que ça ressemble plutôt à un médicament !

Jean-Christian.

– Un médicament ! Tout à fait !

Amalia.

– Ah ! Vous voyez !

Caroline.

– Tu dis ça par déformation professionnelle. Tu pourrais aussi bien la comparer à un pneu si tu étais garagiste…

Paul.

– Un pneu… ?

Caroline.

– Ben oui, pour amortir les chocs !

Clara.

– Jolie comparaison ! J'aime beaucoup ! (*À Laurent, avec une exagération comique.*) Mais ce n'est pas une raison pour te laisser pousser un pneu là ! Je n'ai pas encore envie que tu les amortisses, les chocs !

Caroline.

– Ah, vous voyez que c'est un tue-l'amour !

Jean-Christian.

– Parce que coucher pour obtenir une augmentation, c'est un procédé honnête !

CAROLINE.

– Voilà bien une chose que je n'ai jamais faite !

AMALIA.

– Oh ! Tu racontes à qui veut l'entendre que tu as couché avec tous tes employeurs et même la plupart de tes collègues !

CAROLINE.

– Oui, c'est vrai ! Mais je ne l'ai jamais fait dans l'intention d'obtenir quelque chose ! Je le faisais parce que j'en avais envie ! Après… Si on voulait m'augmenter… J'aurais été bête de dire non… Mais en tout cas, la transaction était honnête je donnais quelque chose, on me donnait quelque chose… Échange de bons procédés ! Tandis que là il s'agit de couillonner les gogos…

JEAN-CHRISTIAN.

– C'est ce que disent nos détracteurs…

LAURENT, *qui n'écoutait pas.*

– Des tracteurs ? Ça marche sur les tracteurs ?

PAUL.

– Détracteurs, Laurent, pas des tracteurs ! *(À Jean-Christian)* Et qu'est-ce qu'ils disent les détracteurs ?

JEAN-CHRISTIAN.

– Eh bien ils disent…

CAROLINE.

– Ils disent que la PNL est une canaillerie, une escroquerie, une fausse science et un vrai danger pour les rapports humains au sein de la société.

JEAN-CHRISTIAN.

– Ceux qui disent ça ne nous connaissent pas.

CAROLINE.

– Ça, c'est la parade typique de toutes les pensées douteuses : tu ne peux pas juger une religion si tu n'y crois pas, tu ne peux avoir aucun avis sur la psychanalyse si tu n'es pas en psychanalyse toi-même, tu ne peux rien penser de la PNL si tu n'es pas grand mamamouchi en PNL !

AMALIA.

– Caroline, tu exagères !

CAROLINE.

– Pas du tout ! Je me suis renseignée figure-toi. Je suis allée chercher sur internet des renseignements sur la « Programmation NeuroLinguistique » qu'on propose à tire-larigot dans tous les stages en entreprise. Bilan : c'est du foutage de gueule.

LAURENT.

– Mais alors, ça ne marche pas ?

JEAN-CHRISTIAN.

– Bien sûr que si ! Demandez à Clara…

CLARA.

– Ben, je dois dire…

PAUL.

– Ah… Si ça marche…

AMALIA.

– Si ça marche c'est que ça marche ! C'est la preuve non ?

CAROLINE.

– Ah ouais, superbe ! La fin justifie les moyens. Qu'importe l'immoralité du procédé du moment qu'on parvient à ses fins ! Amalia ! Tu entends ce que tu dis ?

LAURENT.

– Bon, finalement ça marche ou pas ?

CAROLINE.

– Peut-être que ça marche, mais c'est malhonnête.

AMALIA.

– « Malhonnête », « immoral » qu'est-ce qui te donne le droit de juger ?

CAROLINE.

– Je ne juge pas, je donne mon avis et j'ai le droit de ne pas suivre la foule de ceux qui préfèrent utiliser des recettes pour manipuler les autres plutôt que de s'attaquer aux vrais problèmes.
Un temps de silence

CLARA.

– Mais enfin, c'est un peu vrai quand même non ?

AMALIA.

– Quoi donc ?

CLARA.

– Mon chef, là, il n'a rien obtenu en échange…

JEAN-CHRISTIAN.

– Si ! Votre reconnaissance !

LAURENT.

– Moi, j'ai pas tout compris, mais il me semble que c'est plutôt à vous qu'elle est reconnaissante…

JEAN-CHRISTIAN.

– Bon… Ne chipotons pas, c'est à la PNL qu'il faut être reconnaissant : elle permet de résoudre les conflits, elle met de l'huile dans les rouages, elle arrange tout le monde au fond…

CLARA.

– C'est vite dit ! À cette heure-ci, je ne sais pas trop quelle tête il fait mon patron…

AMALIA.

– Tu ne vas quand même pas le plaindre ? Oh excusez-moi, j'ai dit « tu » !

CLARA.

– Pas grave… Même, j'aimerais bien qu'on se dise « tu »

AMALIA.

– D'accord mais on s'embrasse alors !
Elles s'embrassent.

LAURENT.

– Moi aussi j'ai envie de dire « tu » mais j'ai pas encore envie d'embrasser Paul.

PAUL.

– T'inquiète ! Ça viendra !

Acte I scène V - Tous.

Même lieu, un peu plus tard dans la soirée. La musique est assez forte. Ils sont en deux groupes. Clara, Jean-Christian et Amalia sont à jardin en fond de scène, Caroline, Paul et Laurent sont à l'avant-scène côté cour. Ils ont tous un verre à la main en bavardant.
Jean-Christian imite inlassablement ses deux interlocutrices à tour de rôle, le plus souvent Clara.
La musique baisse et s'arrête, on entend les voix.

CAROLINE.
– Ça y est, regardez, il recommence !

LAURENT.
– Quoi donc ?

CAROLINE.
– Mais ses trucs, là, ses incantations ! Mais regardez-le !

PAUL.
– Pourquoi tu t'énerves comme ça ?

CAROLINE.
– Je m'énerve pas, j'explique !

LAURENT.
– Alors pourquoi t'expliques comme ça ?

CAROLINE.
– Parce qu'il m'énerve !

PAUL.
– Ah !

CAROLINE.

– Quoi ? « Ah ! » Il est énervant non ? *(À Laurent.)* Et toi, ça ne te dérange pas qu'il manipule ta femme ?

LAURENT.

– Franchement, s'il y arrive, chapeau ! Moi, y'a pas moyen.

CAROLINE.

– Mais quand même, son histoire avec son patron…

LAURENT.

– Mouais. À mon avis elle dit ça pour lui faire plaisir, mais elle y serait très bien arrivée toute seule. Tu sais, quand elle veut quelque chose…

La lumière bascule. C'est l'autre groupe qu'on voit et qu'on entend.

CLARA, *terminant une anecdote.*

– Oui, oui, simplement parce qu'il voulait se faire couper les cheveux !

AMALIA.

– Et rien que pour ça il a bloqué tout l'aéroport ? Incroyable !

CLARA.

– En même temps je n'y étais pas, on me l'a raconté…

JEAN-CHRISTIAN.

– Mais c'est toi qui nous le racontes.

CLARA, *troublée.*

– Oui… *(Elle se reprend. À Amalia.)* Et toi, qu'est-ce que tu fais ?

AMALIA.

– Je suis pharmacienne, tu sais, la pharmacie près de la mairie…

CLARA.

– Ah oui, c'est pour ça que Caroline parlait de déformation professionnelle tout à l'heure. Désolée mais je n'ai pas encore eu besoin d'y aller depuis qu'on est arrivés ici.

AMALIA.

– Bah, tant mieux en un sens.

JEAN-CHRISTIAN.

– Oui, tant mieux.

AMALIA.

– Laurent a l'air de bien s'entendre avec Caroline et Paul.

CLARA.

– Oh ils sont adorables ! On ne les a pas beaucoup vus mais ils nous ont accueillis tellement chaleureusement ! D'habitude il ne parle pas facilement. Mais là, il semble à l'aise. *(Machinalement, elle se caresse le ventre.)*

JEAN-CHRISTIAN.

– Oui, il a l'air à l'aise. *(Il fait le même geste qu'elle.)*

CLARA, *qui a vu son geste.*

– C'est à cause de la PNL que tu répètes tout ce que je dis ?

JEAN-CHRISTIAN.

– Moi, je répète ce que tu dis ?

AMALIA.

– Et il y a longtemps que vous êtes ensemble ?

CLARA.

– Non, je ne trouve pas. *(Elle rit.)* J'ai toujours l'impression qu'on vient juste de se rencontrer.

AMALIA.

– Qu'est-ce qu'il fait ?

Clara.

– Il a un peu de mal à se fixer. Jusque-là il était moniteur de ski l'hiver et moniteur de voile l'été. Il fait de la poterie aussi… Il sait faire beaucoup de choses. En ce moment, il passe des diplômes pour devenir infirmier.

Amalia.

– C'est assez différent !

Clara.

– Oui, mais il a envie de ça. On en a beaucoup parlé. Il en a marre de changer de vie deux fois par an, des relations futiles… On a envie de se poser, quoi.

Jean-Christian.

– Oui. Se poser…

Clara, *elle a un temps d'exaspération, puis, à Amalia.*

– Et vous ? Ça fait longtemps ?
Ils répondent ensemble.

Jean-Christian.

– Non !

Amalia.

– Oui
Amalia et Clara rient.

Amalia.

– Ça fait trois ans. Nous nous sommes rencontrés après mon divorce et Jean-Christian m'a fait beaucoup de bien. Avec lui, je me sens… valorisée.

Jean-Christian.

– Valorisée oui…

Clara, *sceptique.*

— Je vois...
L'effet bascule sur l'autre groupe.

CAROLINE.

— Mais pourquoi tu nous parles de l'opéra de Sydney ?

PAUL.

— Parce qu'à l'origine, il devait coûter 7 millions de dollars, mais à la fin il en a coûté 102.

LAURENT.

— Et alors ?

PAUL.

— Et alors, il a bien fallu un argument quelconque pour prendre une telle décision ! Je veux dire, dès le début il existait forcément quelqu'un qui savait que le budget serait dépassé, et pourtant, il a fallu convaincre ceux qui ont fait ce choix...

CAROLINE.

— Tu veux dire que celui qui a menti a eu raison de le faire ?

PAUL.

— Je pense que si l'architecte était arrivé en disant : « bonjour, j'ai un projet qui représente quinze fois votre budget prévisionnel », le jury n'aurait même pas ouvert la première page du dossier. Il a simplement fait semblant que tout allait très bien, il a renvoyé les balles comme un joueur de fond de court. On lui a dit « 7 millions », il a répondu « 7 millions, parfait, très bien ».

LAURENT.

— Tu veux dire qu'il a fait de la PNL ?

PAUL.

— En quelque sorte, oui ! Il a dû adopter une position qui renvoyait des ondes positives en répétant les éléments de langage que le client formulait lui-même. Et au bout du compte, il y a maintenant à Sydney un bâtiment que le monde entier connaît et que jamais le client n'aurait osé imaginer !

CAROLINE.

– Ouais… Mais je connais aussi des gens qui ont chez eux l'Encyclopédia Universalis en douze volumes et qui n'avaient jamais eu l'intention de l'acheter avant de recevoir la visite d'un gros malin de vendeur…

PAUL.

– Ce n'est pas pareil, Caroline ! Un opéra et une encyclopédie !

CAROLINE.

– Ça ne devrait pas être pareil ! Mais à partir du moment où c'est vendu de la même façon, ça finit par être considéré de la même façon : des produits de consommation et rien d'autre.

AMALIA, *s'approchant depuis l'autre groupe.*

– De quoi vous parlez ?

LAURENT.

– Paul dit que la PNL sauve le monde !

PAUL.

– Mais pas du tout ! Je dis simplement qu'en groupe, les humains sont bien en peine de prendre des décisions, et qu'après tout, sortir d'une réflexion rationnelle, par la PNL par exemple, n'est pas forcément un mauvais choix.

AMALIA, *elle embrasse Paul.*

– Merci, Paul. Toi, tu es un ami !
Elle retourne vers l'autre groupe.

CAROLINE, *à Laurent, un peu moqueuse.*

– Finalement ça paye de défendre la PNL, Paul a réussi à se faire embrasser par Amalia !

LAURENT.

– Oui, c'est pour ça que je suis contre.

PAUL.

– Ça t'embêterait d'embrasser Amalia ?

LAURENT.

– Non. Ça m'embêterait d'embrasser Jean-Christian.

Acte I scène VI - Les mêmes, puis Amalia et Jean-Christian seuls.

Ils sont sur le départ. Ils ont repris leurs manteaux. Ils se saluent.

Laurent.
– Merci, Amalia, pour cette bonne soirée.

Clara.
– Nous avons passé un très bon moment, vraiment !

Amalia.
– Merci à vous d'être venus. Nous avons été très contents de faire votre connaissance.

Jean-Christian.
– Oui, très contents, vraiment.

Clara.
– Et bon séjour dans le Lubéron alors…

Amalia.
– Oui, merci, et vous… Bonne installation !

Clara.
– Je crois vraiment que ça se présente bien.

Laurent.
– Les voisins sont charmants…

Caroline.
– Un peu qu'ils sont charmants ! C'est nous tes voisins ! Enfin, c'est Paul, pardon…

Paul.

– C'est moi, mais tu viens de temps en temps…

CAROLINE.

– Ouais. On va dire comme ça… Ben quoi ? Nous regardez pas comme ça ! On n'habite pas ensemble… Et c'est comme ça ! Chacun chez soi et les vaches seront bien gardées ! D'ailleurs les vacances, c'est pas ensemble non plus. Paul aime la montagne et moi la mer. Chacun son truc.

AMALIA.

– Nous, avec Jean-Christian, on a de la chance, on aime les mêmes choses…

JEAN-CHRISTIAN.

– Oui, les mêmes choses…

CAROLINE.

– On se retrouve à la rentrée pour comparer nos marques de bronzage ? Moi j'en ai pas je fais du naturisme…

LAURENT.

– Moi je sais pas si j'en ai… On en parle jamais avec Clara…

CLARA.

– Celle-là elle était drôle ?

LAURENT.

– Non ? Tu trouves pas ?

CLARA.

– Le jour où tu feras marrer tout le monde, je ne te reconnaîtrai plus.

PAUL.

– Mais si, c'était drôle ! Intérieurement, je suis mort de rire, mais je me contrôle…

CAROLINE.

– Paul, t'es pas obligé de faire un concours avec Laurent hein…

PAUL.

– Bon. Puisque moi non plus je ne fais rire personne, je vais rentrer tout seul comme un chien…

CAROLINE.

– Attends, je vais rentrer avec toi… Peut-être qu'en me chatouillant un peu tu réussiras à me faire rire… Bonne nuit Amalia, bonne nuit Jean-Christian. Et merci à vous.

AMALIA.

– Bonne nuit Caroline, Bonne nuit Paul, et bonnes vacances.

JEAN-CHRISTIAN.

– Bonne nuit.

Tous sortent sauf Jean-Christian et Amalia. Qui commencent aussitôt à ranger.

AMALIA.

– Pouh ! Et voilà !

JEAN-CHRISTIAN.

– Et voilà !

AMALIA.

– C'était une bonne soirée non ?

JEAN-CHRISTIAN.

– Et toi, tu as passé une bonne soirée ?

AMALIA.

– Oh Oui… *(Elle le prend dans ses bras.)* Oh oui ! Mais je suis fatiguée maintenant.

JEAN-CHRISTIAN.

– Oui, tu es fatiguée.

AMALIA.

– On finit de ranger avant d'aller se coucher ?

JEAN-CHRISTIAN.

– Oui, c'est une bonne idée. On n'a qu'à finir de ranger avent d'aller se coucher.
Ils rangent. Font plusieurs allers-retours à la cuisine.

AMALIA.

– C'est drôle quand même !

JEAN-CHRISTIAN.

– Oui hein…

AMALIA.

– Pourquoi est-ce que Clara s'imagine que tu l'imites tout le temps ?

JEAN-CHRISTIAN.

– Moi je l'imite tout le temps ?

AMALIA.

– C'est ce qu'elle dit… Je ne sais pas ou elle va chercher une chose pareille…

JEAN-CHRISTIAN.

– Oui, une chose pareille…

AMALIA.

– Bon, allez, ça suffit, je vais me coucher. Qu'est-ce que tu fais ?

JEAN-CHRISTIAN.

– Je crois que je vais aller me coucher parce que ça suffit…

AMALIA.

– Ah tu vois ! Je l'avais dit

JEAN-CHRISTIAN.

– Oui, c'est vrai. Tu l'avais dit.
Ils sortent en éteignant la lumière.

ACTE II

La scène est chez Caroline en fin d'été, dans son salon.
Une porte ouverte donne sur le jardin où se tient le barbecue.
Dans un coin, un bar.

Acte II scène I - Paul puis Amalia.

On entend des gens qui s'amusent à l'extérieur, des éclats de voix d'un partie de campagne.
Entre Paul. il va chercher quelque chose du côté de la cuisine. Il a l'air tour guilleret. Il retourne vers la porte du jardin quand Amalia arrive.

AMALIA.

– Et bien Paul… tout va bien on dirait !

PAUL.

– C'est vrai que ça ne va pas mal. Je suis content de te voir, ça doit être pour ça …

AMALIA.

– Ah oui ?

PAUL.

– Oui ! Il fait beau, on est bien et… tu es très en beauté…

AMALIA.

– Merci ! Mais qu'est-ce qui t'arrive ? Tu n'es pas si … démonstratif, d'habitude.

PAUL.

– Tu me trouves trop réservé ?

AMALIA.

– Un peu oui. Ce n'est pas très souvent que tu t'intéresses à moi.

PAUL.

– C'est parce qu'on se connait depuis que tu es toute petite, je ne veux pas t'embarrasser…

AMALIA.

– Paul…

PAUL.

– Oui ?

AMALIA.

– Il y a très longtemps que je ne suis plus toute petite, tu n'avais pas remarqué ?

PAUL.

– Si, bien sûr…

AMALIA.

– Et ça ne m'aurait pas dérangé que tu aies plus souvent envie de… m'embarrasser.

PAUL.

– Ah, ah…

AMALIA.

– Laurent m'a dit que tu avais quelque-chose à me dire…

PAUL.

– Oui, je voulais…

AMALIA.

– Quoi ?

PAUL.

– Je voulais te parler de Jean-Christian.

Amalia se détourne pour cacher son sourire.

AMALIA.

– Ah oui ?

PAUL.

– Ça ne t'ennuie pas ?

AMALIA.

– Pas encore…

PAUL.

– Je voulais te demander…

AMALIA.

– Quoi donc ?

PAUL.

– Note bien que tu n'es pas obligée de me répondre…

AMALIA.

– Oui ?

PAUL.

– …et même, au fond, ça ne me regarde pas du tout…

AMALIA.

– Et alors ?

PAUL.

– Et bien, je voulais savoir…

AMALIA.

– Quoi ?

PAUL.

– Si tu es heureuse avec lui .

Amalia.

– Attends un peu… D'un coup, comme ça, tu veux savoir si ça va bien avec Jean-Christian… Et, pourquoi donc ?

Paul.

– Et bien, parce que, je t'aime beaucoup et que je suis presque comme ton père et…

Amalia, *déçue.*

– Comme mon père… Ah… c'est pour ça…

Paul.

– Oui, bien sûr ! Pourquoi sinon ?

Amalia.

– Oh pour rien… je croyais… je pensais…

Paul.

– Oui ?

Amalia.

– Non. Rien. *(D'un coup cassante.)* Je suis parfaitement heureuse avec Jean-Christian. Il m'apporte tout ce dont je pouvais rêver. Il est droit, honnête, et puis il a besoin de moi.

Paul.

– Ah ? Très bien. Tu es donc sûre de toi.

Amalia.

– Oui, tout à fait.

Paul.

– Et, si…

Amalia.

– Si quoi ?

PAUL.

– …non, rien…

AMALIA.

– Paul, est-ce que tu essayes de me dire quelque chose ?

PAUL.

– Peut-être bien mais… j'ai du mal.

AMALIA.

– Et bien tu devrais peut-être y réfléchir un peu avant de réessayer…*Son téléphone fait entendre l'arrivée d'un message.* Tu m'excuseras…

PAUL.

– Bon. Puisque c'est ainsi…
Il sort.

Acte II scène II - Amalia, Caroline.

Amalia consulte son téléphone portable. Elle lit des messages, très concentrée et l'air pas content.
Pendant les premières répliques de Caroline, elle montre des signes d'agacement à l'égard de ses messages.
Caroline rentre dans le salon, elle est très détendue et rieuse. Elle a un plateau vide à la main.

CAROLINE, *tournée vers l'extérieur, elle continue une discussion avec quelqu'un qui est dans le jardin.*

– ... Oh ben ça m'étonnerait qu'à moitié ! De toute façon ça ne serait pas la première fois... *(On lui fait une réponse qu'on n'entend pas. Elle rit.)* ... Oh ! Mais non ! Mais qu'est-ce que tu racontes ? Mais pas du tout ! *(Elle rit. Autre réponse inaudible…)* ... oui, c'est ça ! À tout à l'heure… *(Elle entre franchement dans la pièce, jette un coup d'oeil vers Amalia qui est toujours sur son téléphone.)* Les nouvelles sont bonnes ?

AMALIA.

– Mouais...

CAROLINE.

– Tu gagnes ? Oh pardon... Si tu veux pas que je regarde... C'est un truc cochon ?

AMALIA.

– Mais non...!

CAROLINE.

– Qu'est-ce qui ne va pas Amalia ? C'était pas bien les vacances dans le Lubéron ?

AMALIA.

– Si, si...

CAROLINE.

– Regarde-moi. Bon... C'était pas bien... Ça s'est mal passé avec tes enfants ?

AMALIA.

– Ils n'ont même pas voulu venir...

CAROLINE.

– Ah bon ? Pourquoi ?

AMALIA.

– À cause de Jean-Christian...

CAROLINE.

– Ah !... Du coup vous étiez bien tranquilles tous les deux...

AMALIA.

– Oui... Enfin... Si on veut...

CAROLINE.

– Quoi... Vous étiez bien tous les deux ensembles non ?

AMALIA.

– Oui oui, mais on n'était pas tout seuls...

CAROLINE.

– Pas tout seuls ? Oh oh ! Vous vous êtes fait un plan à quatre dans le Lubéron ?

AMALIA.

– Mais non ! Pas du tout ! Jean-Christian avait un stage !

CAROLINE.

– Non ! Un stage de son truc là ... La Procrastination pour les Nouilles et les Limaces ?

AMALIA.

– Mais non ! Un stage de PNL !

CAROLINE.

– Ben... C'est pas ce que j'ai dit ?

AMALIA.

– Arrête s'il te plait... Ça ne m'aide pas !

CAROLINE.

– Allez... Viens dire à maman...

AMALIA.

– T'es pas ma mère !

CAROLINE.

– J'ai été ta belle-mère pendant un an et demi... C'est presque pareil !

AMALIA.

– Mouais... Tu parles !

CAROLINE.

– Alors... Qu'est-ce qu'il t'a fait le vilain monsieur ?

AMALIA.

– C'est pas un vilain monsieur...

CAROLINE.

– D'accord... Qu'est-ce qu'il t'a fait de vilain le gentil monsieur alors ?

AMALIA.

– Mais rien du tout... C'est juste moi...

CAROLINE.

– C'est toi quoi ?

AMALIA.

– Je viens de découvrir le prix du stage de PNL ...

CAROLINE.

– Ah, parce que c'est toi qui payes ?

AMALIA.

– Ben oui, c'est cher tu sais, il a pas les moyens...

CAROLINE.

– ... Mais toi, oui. C'est confortable ... pour lui ! Et c'était sympa ce stage au moins ?

AMALIA.

– Ben, en fait...

CAROLINE.

– Non, ne dis rien... Je vois ça d'ici : des gourous en chasuble qui vous parlent très gentiment et qui trouvent que Jean-Christian a un potentiel in-croy-able ! Des conférences interminables pour vous expliquer la pensée du maitre et avec un peu de chance des repas macrobiotiques !

AMALIA.

– Quelle drôle d'idée ? Pourquoi de la bouffe macrobio ?

CAROLINE.

– C'était comme ça quand j'avais fait un stage sur le tantrisme avec un copain.

AMALIA.

– C'est quoi le tantrisme ?

CAROLINE.

– Un truc très décevant. Tu retiens ton énergie sexuelle et ça te donne des sensations fabuleuses...

AMALIA.

– Et c'est pas bien ?

CAROLINE.

– En fait je ne sais pas. Moi les sensations fabuleuses, j'avais l'impression de pratiquer depuis longtemps, et retenir mon énergie sexuelle... J'ai jamais essayé !

AMALIA.

– C'était peut-être l'occasion ?

CAROLINE.

– Je ne saurais jamais : le deuxième soir j'ai couché avec l'animateur du stage.

AMALIA.

– Ben, et ton copain ?

CAROLINE.

– Lui aussi bien sûr... personne ne se retenait dans cette affaire. Les autres stagiaires étaient déconcertés, ça manquait de sérieux ... Il a fallu s'en aller le troisième jour. Mais bon, c'est pas de moi qu'on parle ! Pourquoi ils sont pas venus en vacances avec toi tes gamins ?

AMALIA.

– Ils ne supportent pas Jean-Christian...

CAROLINE.

– Ah ! J'ai toujours dit que c'était de braves petits !

AMALIA.

– Caroline !

CAROLINE.

– Oups ! Pardon ! Ça m'a échappé !

AMALIA.

– Pourquoi tu ne l'aimes pas ?

CAROLINE.

– Il ne te mérite pas.

AMALIA.

– C'est parce que tu ne le connais pas bien... Il vaut mieux que tu ne crois...

CAROLINE.

– Est-ce qu'il fait bien l'amour ?

AMALIA.

– Tu es chiante à la fin ! Il n'y a pas que ça dans l'existence !

CAROLINE.

– Ah ! Tu vois ? J'étais sûre qu'il baisait comme un pied...

AMALIA.

– Merde ! Voilà !

Elle se lève et sort fâchée par la porte d'entrée.
Au même moment arrive Clara.
Elles se croisent à la porte mais Amalia sort dans dire un mot.

Acte II scène III - Clara, Caroline.

CLARA, *elle est en tenue d'hôtesse, enceinte de six mois et manifestement heureuse de l'être. Regardant la porte par où Amalia est partie en coup de vent.*

– Et ben ...! Elle est pressée ?

CAROLINE.

– Elle court après l'amour !

CLARA.

– Tant mieux pour elle ! Moi, je ne cours plus... Il m'a rattrapée !

CAROLINE.

– Et on dirait qu'il t'a bien arrangée !

CLARA.

– Ça ...! Il a fait ce qu'il fallait ! Il est là mon bel étalon ?

CAROLINE.

– Il doit être en train de galoper avec Paul sur le gazon.

CLARA.

– Ouais... J'ai pas l'impression que ça galope bien vite ! Ils ont tous les deux une canette à la main...

CAROLINE.

– C'est pour le barbecue. Ça s'allume à la bière ! Ça fait partie de ces choses mystérieuses et passionnantes que seuls les hommes savent faire et qui leur évitent d'avoir à faire les enfants.

CLARA.

– Ils ne savent pas ce qu'ils perdent...

CAROLINE.

– C'est vrai que tu es superbe !

CLARA.

– Merci !

CAROLINE.

– C'est pas trop dur à ton boulot ?

CLARA.

– Ça tire un peu, mais c'était mon dernier vol aujourd'hui. Je vais rester au sol jusqu'à mon congé maternité. Je suis bien contente.

CAROLINE.

– Tu en avais marre ?

CLARA.

– Non pas du tout ! J'étais très contente de voler, et je suis très contente d'arrêter... En fait, depuis que je suis enceinte, je suis très contente tout le temps... C'est con hein ?

CAROLINE.

– Non. Ça fait du bien !

CLARA.

– Amalia est fâchée ?

CAROLINE.

– Oui, Jean-Christian baise comme un pied.

CLARA.

– Caroline...

CAROLINE.

– Quoi ? Toi aussi tu vas me dire qu'il n'y a pas que ça dans la vie ?

CLARA.

– Pas du tout ! C'est Amalia qui t'a dit ça ?

CAROLINE.

– Oui ! Et ça m'énerve !

CLARA.

– Mais qu'est-ce qu'elle fait avec ce type ?

CAROLINE.

– Franchement, j'en sais rien. J'ai une idée assez précise de tout ce qu'il ne sait pas faire : la faire rire, la faire jouir, la faire danser... Mais pourquoi elle est allée chercher un cornichon pareil alors là...

CLARA.

– Comment vous vous connaissez ?

CAROLINE.

– Mais je suis sa mère !

CLARA.

– Hein ?

CAROLINE.

– Tu ne savais pas ? Je l'ai eue à huit ans ! C'était dans tous les journaux à l'époque !

CLARA.

– T'essayes d'être aussi drôle que Laurent ?

CAROLINE.

– Pourquoi personne ne me croit ? Non, en vrai j'ai épousé son père quand elle avait quinze ans. J'ai été sa belle-mère pendant un peu moins de deux ans. C'est comme ça qu'on s'est connues.

CLARA.

– Et ça s'est bien passé ?

CAROLINE.

– Avec son père, c'est devenu très vite ennuyeux à mourir. Mais avec Amalia, oui, on s'est bien trouvées. Elle vivait seule avec lui depuis que sa mère était repartie au Brésil. Elle ne la voit pour ainsi dire jamais et à ce moment-là elle avait besoin d'une présence féminine.

CLARA.

– Et sur ce plan là, tu ne crains personne !

CAROLINE.

– Boh, toi non plus je crois, même avec ton gros bidon !

CLARA.

– Il est beau hein ? Et alors donc, vous êtes restées copines avec Amalia...

CAROLINE.

– Oui, un peu par hasard. On s'est d'abord perdues de vue après le divorce, je suis partie, je suis venue vivre ici, près de la mer, et je me suis retrouvée devant elle à la pharmacie de mon quartier... On était voisines ! Elle était mariée avec un nul ...

CLARA.

– Déjà ?

CAROLINE.

– ... elle avait deux enfants et l'air épanoui comme un chrysanthème dans un cimetière.

CLARA.

– Joli...!

CAROLINE.

– Deux mois après elle divorçait... Me regarde pas comme ça, j'y étais pour rien ! Mais c'est à partir de ce moment-là qu'on s'est beaucoup rapprochées. C'est une fille bien tu sais...

CLARA.

– Oui, je sais... Mais je ne comprends pas pourquoi elle est avec ce… avec lui.

CAROLINE.

– Elle a une certaine prédilection pour les cons. Après son divorce elle a eu pour amants un type qui ne parlait que de sa bagnole, un autre qui faisait du vélo avec des tenues ridicules, un blaireau macho qui lui laissait tout faire pendant qu'il buvait des bières devant la télé... On a eu un échantillonnage assez complet de ce que la planète « mec » possède comme déchets non-recyclables. Mais des fois je me demande si c'est pas Jean-Christian le pire.

CLARA.

– Elle est con ou c'est toi qui exagères ?

CAROLINE.

– Moi ? Pas du tout ! C'est une fille très intelligente, sensible, cultivée, elle a de l'humour... Mais quand elle est avec un mec, on dirait une pantoufle !

CLARA.

– Elle a peur d'être seule ?

CAROLINE.

– Oui, sans doute... Mais on est toutes comme ça non ? C'est pas une raison pour se transformer en gourdasses bêlantes ! Ah ça m'énerve ! Ça m'énerve qu'elle se laisse abîmer par ce ….

CLARA.

– Il doit quand même bien avoir une ou deux qualités quand même...

Caroline.

– Peut-être, je ne sais pas, mais j'ai bien peur que non, et puis merde, tiens ! La vérité, c'est que je peux pas le blairer, ce con !

Clara.

– Bon, ben comme ça c'est dit... Et si on allait jouer les pouliches avec mon Lipizzaner et ton percheron ?

Caroline.

– Oups ! J'ai dit que je leur rapportais des bières ! J'ai complètement oublié !

Clara.

– C'est terrible ! Ils vont être enragés !

Caroline.

– Furieux !

Clara.

– Ils vont se jeter sur nous ...

Caroline.

– ... Se déchaîner !

Clara.

– Ça va être...

Ensemble.

– É-pou-van-table !

Elles sortent bras-dessus bras dessous par la porte du jardin.

On sonne à la porte, mais personne ne répond : tout le monde est au jardin.

Acte II scène IV - Laurent , Jean-Christian.

Après un assez long moment, Laurent entre pour prendre des cacahuètes dans le bar. Il entend sonner et va ouvrir la porte.

LAURENT.

– Oui, voilà, voilà ! *Jean-Christian entre, une bouteille à la main.* Ben alors ! Ça fait longtemps que t'es à la porte ?

JEAN-CHRISTIAN.

– C'est pas grave ! C'est pas grave ! *Montrant sa bouteille.* Tu sais où je mets ça ?

LAURENT.

– Il faut la mettre au frais. Attends. *Montrant ses bières.* J'emmène ça et je reviens OK ?
Il sort.

JEAN-CHRISTIAN,
s'assoit et prend son téléphone. Il regarde un message et explose.

– Comment ça « je ne payerai pas ton stage ? » mais avec quoi elle veut que je paye moi ? Oh nom de nom ! Je suis dans une merde ...!

Laurent revient. Jean-Christian se compose très rapidement un visage avenant.

LAURENT.

– T'aurais dû lui faire de la ... PCB, là... Elle t'aurait ouvert !

JEAN-CHRISTIAN.

– De la PNL ? À qui ?

LAURENT.

– À la porte ! Tu l'aurais imitée là, comme ça... Avec sa petite sonnette...

JEAN-CHRISTIAN.

– Très drôle !

LAURENT.

– Je mets ta bouteille au frais !
Il prend la bouteille et sort côté cuisine.

JEAN-CHRISTIAN, *dès qu'il est seul il compose un numéro.*

– J'arrive ! Allô ?... Oui, bonjour, c'est Jean-Christian Laringer ... Ah c'est vous ? Comment allez-vous ? ... Pa...pardon ? ... Oui effectivement j'ai fait votre numéro, mais... Oui, vous avez raison... Je suis bête ... C'est normal que ça soit vous évidemment... Oui... Justement, le règlement oui... Du stage oui...! C'est pour ça que je vous appelle... Comment ? ... dimanche ? Pourquoi ? ... Ah oui ! Tout à fait, oui, je vous appelle un dimanche, c'est vrai... Vous avez tout à fait raison... Mais c'est parce que, voyez-vous, et, alors, je me suis dit que, bon c'est pas important mais bon quand même vous comprenez ? ... Oui ! ... Oui ! .... Oui ! ... Enfin non ! Justement... Mais ... Non-non-non ! Rassurez-vous, il n'y a pas de ... Non-non-non mais pas du tout ! Mais... Oui... Oui... Bien oui d'accord, demain sans faute... Oui... Tout à f... *(On a raccroché.)* Pfou ! La vache ! Si je paye pas demain je suis déclassé ! Merde ! Merde ! M...
Entre Laurent.

LAURENT.

– C'est vrai que tu me trouves drôle ?

JEAN-CHRISTIAN.

– Pardon ?

LAURENT.

– Tout à l'heure... T'as dit que tu me trouvais drôle.

JEAN-CHRISTIAN.

– Tout à l'heure ?... Ah mais oui, tout à fait !

LAURENT.

– Ça alors ! C'est incroyable !

JEAN-CHRISTIAN.

– Quoi donc ?

LAURENT.

– Personne ne me trouve jamais drôle !

JEAN-CHRISTIAN.

– Mais si, moi je t'ai toujours trouvé très amusant ! J'ai toujours trouvées très drôles tes plaisanteries.

LAURENT.

– Ah ouais ? *(Il commence à prendre des postures étranges que Jean-Christian imite aussitôt. À partir de ce moment, Laurent s'amuse à emmener Jean-Christian le plus loin possible dans le ridicule.)* Vraiment ?

JEAN-CHRISTIAN.

– Vraiment.

LAURENT.

– Mais, dis-moi, Jean-Christian... Ça fait longtemps que je voulais te demander... C'est quoi au juste la RTL ?

JEAN-CHRISTIAN.

– La PNL ?

LAURENT.

– Oui...

JEAN-CHRISTIAN.

– C'est le secret de la réussite ! Mais c'est marrant que tu me demandes ça...

Laurent.

– Pourquoi ?

Jean-Christian.

– Parce que depuis que je t'ai rencontré, je suis persuadé que tu devrais te lancer là-dedans. Tu as de vraies dispositions...

Laurent.

– Oh ? Sérieux ?

Jean-Christian.

– Tout à fait ! Je l'ai vu tout de suite ! Je me suis dit « Tiens, ce gars-là, il a tout à fait le profil d'un maître praticien...»

Laurent.

– D'un quoi ?

Jean-Christian.

– ... « maître praticien ». C'est un niveau d'excellence dans le domaine de la PNL.

Laurent.

– Et alors... Moi, j'ai un profil comme ça ... Mais comment tu le sais ?

Jean-Christian.

– C'est l'évidence même ! Je suis convaincu que si tu suivais une formation...

Laurent.

– Ah bon ? Il faut se former ? Mais, si j'ai le profil...

Jean-Christian.

– Pour toi, ce serait presque une formalité, c'est évident, mais enfin, la PNL est une science et il faut tout de même un minimum...

Il reste évasif.

LAURENT.

– Un minimum de quoi ?

JEAN-CHRISTIAN.

– Un minimum, quoi ! Enfin, tu vois bien ce que je veux dire... Ça ne peut pas t'échapper, avec un profil pareil...

LAURENT.

– Ah oui, c'est vrai ! J'oubliais le profil.... De « Grand Maître » c'est ça ?

JEAN-CHRISTIAN.

– « Maître Praticien »...

LAURENT.

– « Maître Praticien », ouais... C'est déjà pas mal hein ? Et toi, tu es quoi ? « Super grand maître » ?

JEAN-CHRISTIAN.

– Non, non, juste « Maître Praticien »...

LAURENT.

– Ah ? C'est tout ? Et... Il y a des ... Des grades, des trucs comme ça ?

JEAN-CHRISTIAN.

– Des trucs ...?

LAURENT.

– Oui, quand j'étais gamin, j'ai fait du judo et on passait des ceintures, tu vois, des trucs comme ça...

JEAN-CHRISTIAN.

– Ah non... Il n'y a pas de ceinture... C'est pas...

LAURENT.

– Ah ? Il n'y a pas de costume... De kimono ? Dommage...

Jean-Christian.

– Écoute… Il n'y en a pas normalement, mais si tu veux… Si tu viens à une formation je pourrais demander…

Laurent.

– Non, non… Laisse tomber… C'est pas grave… Et puis si j'étais tout seul avec ma tenue de ninja, j'aurais l'air de quoi hein ?
Il sort.

Jean-Christian, *se précipite sur son téléphone.*

– Allô ? … Oui c'est encore moi… Jean-Chr… Oui, encore, oui… Dites-moi, pour le paiement là… Est-ce que ça le ferait si je vous amenais une nouvelle recrue ? Oui, parce que là je suis un peu juste et… Oui, un délai oui… Ou … Non, non, un délai ça ira très bien ! Oui, pour le prochain stage… Oh si-si ! Quelqu'un de très bien vous verrez… Très … *(Il cherche.)* très bien ! Vraiment… Il vous plaira sûrement…
Laurent revient en coup de vent.

Laurent.

– En même temps…

Jean-Christian, *il sursaute.*

– Hein ? Quoi ?

Laurent.

– Tu crois que ce serait possible quand même ?

Jean-Christian.

– Mais quoi ?

Laurent.

– La tenue, là…

Jean-Christian.

– Excuse-moi, mais là je suis au téléphone alors…

LAURENT.

– Oh pardon !

JEAN-CHRISTIAN, *au téléphone*.

– Oui... Heu... On a été coupés non ? .... Alors bon, c'est d'accord ? On fait comme ça ?... D'accord... D'accord... D'a... D'accord ... Oui, très bien... Au revoir. (*Il se laisse tomber dans son fauteuil, épuisé.*)

LAURENT, *s'installe dans l'autre fauteuil en prenant exactement la même posture que lui.*

– Ça ne va pas ?

JEAN-CHRISTIAN, *distraitement.*

– Si, si…

LAURENT.

– Tu veux une bière ?

JEAN-CHRISTIAN.

– Laurent…

LAURENT.

– Oui ?

JEAN-CHRISTIAN.

– Il faut que tu saches quelque-chose…

LAURENT.

– Oui… ?

JEAN-CHRISTIAN.

– Je crois beaucoup en toi, tu sais !

LAURENT.

– Ah… chouette !

JEAN-CHRISTIAN.

– Tu as un potentiel incroyable !

Laurent.

– C'est vrai ?

Jean-Christian.

– Tu ne le savais pas ?

Laurent.

– Et bien… je m'en doutais un peu mais…

Jean-Christian.

– Il faut absolument que tu exploites tes dons. Je peux t'aider tu sais.

Laurent.

– Ah ? Alors…

Jean-Christian.

– Tu as confiance en moi n'est-ce pas ?

Laurent.

– Heu… oui, sans doute…

Jean-Christian.

– Si tu me laisses faire, tu pourras réaliser de grandes choses !

Laurent.

– D'accord.

Jean-Christian.

– Dis-moi seulement tes doutes, tes envies, tes besoins…

Laurent.

– Ben… j'aimerais bien une bière …

Jean-Christian.

– Une bière ? Tout de suite !
Il sort précipitamment.
Laurent se cache.
Jean-Christian revient avec la bière à la main. Il ne le voit pas.

JEAN-CHRISTIAN.

– Laurent ? Laurent ? Merde ! Où il est barré ce con ? Putain c'est pas vrai !

LAURENT, *caché derrière un fauteuil, il coupe la lumière, puis, d'une voix transformée.*

– Jean-Christian, c'est toi ?

JEAN-CHRISTIAN.

– Qui est là ?

LAURENT, *même jeu.*

– Tu ne me reconnais pas ?

JEAN-CHRISTIAN.

– Qui êtes-vous ? C'est toi Laurent ?

LAURENT, *même jeu.*

– Jean-Christian, voyons… c'est moi… Michel.

JEAN-CHRISTIAN, *terrifié.*

– Aaaah ! *Il lâche tout ce qu'il a dans les mains et se sauve dans le jardin.*

Acte II scène V, Caroline, Laurent, puis Paul, Amalia, Clara, puis Jean-Christian.

Dans cette scène, quand la lumière revient, il y a une enveloppe posée en évidence sur la table basse.
Caroline entre dans la pénombre.

CAROLINE.

– Y'a quelqu'un ?

LAURENT.

– Ouais, moi.

CAROLINE.

– Laurent ?

LAURENT.

– Oui, pourquoi ?

CAROLINE.

– Qu'est-ce qui s'est passé ?

LAURENT.

– Je sais pas, les plombs ont dû sauter ou quelque chose. *À ce moment, la lumière revient.* Ah ben non, c'est juste la prise qui était mal mise…

CAROLINE.

– Mais qu'est-ce qu'il y a eu avec Jean-Christian ?

LAURENT.

– Jean-Christian ? De quoi tu parles ?

CAROLINE.

– Il a déboulé en hurlant dans le jardin, il est blanc comme un linge et il claque des dents. Tu lui as fait quelque chose ?

LAURENT.

– J'étais dans la cuisine, je cherchais l'armoire électrique pour remettre la lumière… Pourquoi ?
Paul entre dans la pièce avec Amalia et Clara.

PAUL.

– Laurent qu'est-ce qui s'est passé ?

LAURENT.

– Mais rien du tout !

CAROLINE.

– Il y a eu une coupure de courant, Laurent est allé chercher l'armoire électrique dans la cuisine.

CLARA.

– Elle est dans la cuisine, l'armoire électrique ?

CAROLINE.

– Non, au sous-sol.

AMALIA.

– C'est toi qui a fait peur à Jean-Christian ?

LAURENT.

– Quoi ?

AMALIA.

– Jean-Christian est mort de trouille ! Est-ce que c'est toi qui lui a fait peur ?

LAURENT.

– Franchement, Amalia, est-ce que j'ai une tête à faire peur ?
Il fait une grimace affreuse.

AMALIA, *elle sursaute.*

– Aaah ! *(Elle pique un fou-rire.)* Mais quel idiot ! *(Elle va vers la porte du jardin.)* C'est bon, Jean-Christian ! Tu peux revenir, il n'y a rien ! *(Jean-Christian entre, pas rassuré du tout.)* Là… n'aie pas peur, tout va bien !

Caroline prend l'enveloppe sur la table basse.

CAROLINE, *elle lit.*

– « Pour Jean-Christian, de la part de Michel » Qui est-ce qui a apporté ça ?

JEAN-CHRISTIAN.

– Quoi ?

CAROLINE.

– Je demande qui a apporté ça… c'est pour toi.

JEAN-CHRISTIAN, *de nouveau terrifié.*

– Mais je n'en veux pas !

AMALIA.

– Mais enfin Jean-Christian, puisque c'est pour toi… *(Elle prend l'enveloppe des mains de Caroline. L'enveloppe n'est pas fermée, elle regarde dedans.)* Qu'est-ce que c'est ?

JEAN-CHRISTIAN, *même jeu.*

– Non, n'ouvre pas !

PAUL, *il s'approche et attrape Jean-Christian par les épaules. Il l'emmène sur le canapé.*

– Allons, allons, calme-toi. Tout va très bien se passer. Il y a eu une coupure de courant et tu as reçu une lettre, tout va bien.

CLARA.

– Bon d'accord, on ne sait pas qui a coupé le courant et on ne sait pas qui a apporté la lettre, mais à part ça, tout baigne !

LAURENT.

– Et puis de toute façon c'est toujours comme ça ! Quand il y a une coupure, tu les connais les noms des grévistes toi ? Et le facteur, tu sais comment il s'appelle ? Alors, tu vois…

AMALIA, *qui a ouvert l'enveloppe.*

– C'est juste une photo… une affiche, *(Elle lit.)* « MJC, Duo mêlé ». Ça vous dit quelque chose ? *(Elle montre l'affiche à Paul.)*

PAUL.

– Jamais entendu parler… mais attend ! C'est…

JEAN-CHRISTIAN, *avec un accent de fatalité.*

– Oui, c'est moi…

AMALIA, *soulagée.*

– Ahhh ! Alors tout va bien ! Et l'autre ?

JEAN-CHRISTIAN.

– C'est Michel ! *(Il les regarde tous comme s'ils devaient comprendre quelque chose.)* Michel !! Mais il est mort !

CAROLINE.

– Qu'est-ce que c'est encore que ces conneries !

JEAN-CHRISTIAN.

– Il est mort ! Il est mort !
Il se replie sur lui-même, la tête dans les mains.

LAURENT.

– Et oui…, il est mort. Seul, et désespéré. Par ta faute.

JEAN-CHRISTIAN.

– Non ! C'est pas vrai ! C'est pas de ma faute ! Ne l'écoutez pas ! Il est fou ! C'est pas moi ! Je ne veux pas !
Noir.

Acte II scène VI - Laurent, Clara, Caroline, Paul, puis Amalia.

CLARA.
– Mais enfin Laurent, qu'est-ce qui t'a pris ? Tu es devenu fou ?

CAROLINE.
– Je suis assez d'accord avec Clara : si c'est une blague, elle n'est vraiment pas drôle !

PAUL.
– Tu ne veux pas nous dire ?

LAURENT.
– Si, si. Je suis désolé. Je vais tout vous expliquer dès qu'Amalia sera revenue.

CLARA.
– J'espère qu'elle parviendra à le calmer…

CAROLINE.
– Elle, peut-être pas, mais le Valium, oui.

Entre Amalia.

PAUL.
– Alors, comment va-t-il ?

AMALIA.
– Couci-couça… Il va s'endormir… *(À Laurent.)* Il faut que tu m'expliques pourquoi tu as fait ça, Laurent.

LAURENT.

– D'accord. Je vais le faire. Mais c'est une longue histoire. Asseyons-nous. (*Ils s'assoient tous à la table basse au centre de la scène, très près du public.*) Je connaissais Michel depuis longtemps. C'était un comédien excellent. Je l'ai rencontré en station. Il faisait les saisons lui aussi. Nous étions trois, Michel, le comédien, John le chanteur, et moi, le moniteur de ski. Pendant plusieurs saisons on s'est retrouvée régulièrement, et c'était bien agréable de pas être seul, parce que la saison de ski, c'est pas si drôle que ça. Avec eux, on parlait de tout et de rien, mais surtout, on ne parlait pas de boulot, pas de bagnoles et pas de nanas. On savait que Michel était homo, mais ça s'arrêtait là. On ne savait rien de sa vie. Et puis je l'ai perdu de vue pendant des années jusqu'à l'autre jour. John m'a appelé pour m'annoncer que Michel venait de mourir, tout seul. Il avait refusé de voir qui que ce soit. Il ne voulait pas qu'on sache qu'il était malade, il avait depuis longtemps rompu toute relation avec sa famille… Je suis allé avec John vider son appartement.

CLARA.

– Pourquoi tu ne m'en a pas parlé ?

LAURENT.

– Je ne sais pas. J'avais pas envie, à cause du bébé. J'avais pas envie de parler d'histoire de mort…

CLARA.

– Tu es bête ! Il est bien à l'abri, il ne risque rien ! Il est mieux protégé que toi !

LAURENT.

– Evidemment il y avait plein de souvenirs, des affiches de ses spectacles, des programmes, des centaines de photos. Il y en avait tellement ! On en a porté des quantités à la déchetterie…, c'est pas drôle de jeter des souvenirs… Comme on ne voulait pas tout jeter, j'ai gardé cette affiche, là, et aussi son journal. Il tenait un journal. et c'est en le lisant que j'ai compris que c'était Jean-Christian sur l'affiche. Jean-Christian, celui que nous connaissons.

AMALIA.

– Jean-Christian…

LAURENT.

– Dans son journal, Michel racontait toute leur histoire. C'est quand il est monté de province à Paris que Jean-Christian a rencontré Michel. Il l'a aidé dans le métier de comédien et ils se sont assez rapidement installés en couple.

AMALIA.

– Hein ?

LAURENT.

– Oui, en couple. Ils étaient ensemble quoi…

AMALIA.

– Non mais, tu veux rire ! Jean-Christian en couple avec un homme !

CAROLINE.

– Ben quoi ? Moi ça m'est arrivé plein de fois de vivre avec un homme, ça n'a rien de terrible ! Ça vaut pas une bonne télé mais bon, on s'habitue !

Acte II scène VII - Tous.

Dans cette scène, Jean-Christian apparait comme un personnage issu de la narration de Laurent.

LAURENT.

– Alors, Michel a imaginé un numéro de duettistes et ils ont créé…

JEAN-CHRISTIAN, *grimé en vedette de show transformiste apparait en en fond de scène. Il parle à la façon d'un présentateur ambigu de cabaret sur un fond musical.*

– « MJC Duo Mêlé ». « M, comme Michel », c'est lui, « JC, comme Jean-Christian ou Jésus-Christ » c'est moi et « MJC Duo Mêlé » c'est nous tous les deux. De dos, il fait semblant de danser avec une partenaire qui lui caresse les cheveux, le dos… Il se retourne face au public en tenant sa « partenaire » devant lui. On a bien pensé s'appeler Jean-Christian Michel, mais on sait pas jouer de la clarinette… Il parle à sa partenaire. Hein ? Mais non ! Arrête ! Puisque je te dis que tu ne sais pas ! Au public en s'excusant. Mais on s'exerce !

LAURENT.

– Ensemble, ils étaient beaucoup moins bons que Michel tout seul. Bref, il y a eu une grosse engueulade, séparation horrible. Jean-Christian particulièrement ignoble avec Michel, lui a balancé à la face…

JEAN-CHRISTIAN, *très mec et très vulgaire.*

– J'ai jamais été amoureux de toi, j'ai toujours fait semblant ! La seule chose qui m'intéressait c'était tes relations dans le show-bizz ! Tapette !

AMALIA.

– Ah ! Il me semblait bien aussi !

CAROLINE.

– Il te semblait quoi ? Qu'il n'a pas attendu d'être avec toi pour mentir comme un arracheur de dents ?

LAURENT.

– Attendez la suite, vous serez pas déçues !

PAUL.

– Ah bon ? C'est pire ?

CLARA.

– Vas-y Laurent ! Moi j'aime bien les histoires crades !

AMALIA.

– Clara !

LAURENT.

– Tu vas voir, c'est pas crade, c'est… pire que ça !

AMALIA.

– Laurent !

LAURENT.

– Après la séparation, Michel a fait une grosse dépression, il était complètement démoli, et il a commencé à avoir des ennuis de santé. Il vivotait avec des petits cachetons à droite et à gauche, mais le cœur n'y était plus. Puis un jour il a appris par hasard que Jean-Christophe travaillait dans une coopérative bio, Vous en avez peut-être entendu parler… c'était la Scoobidur.

PAUL.

– La Scoubidur ? Je connais ce nom-là…

LAURENT.

– Michel, ça lui a semblé énorme que Jean-Christian travaille dans un truc comme ça ! Par curiosité, il l'a appelé. Au téléphone, Jean-Christian tenait des propos très confus.

Jean-Christian, *d'une voix toujours insultante.*

– Mais non j'ai pas arrêté le théâtre ! J'ai ça dans le sang, moi ! J'ai juste inventé une nouvelle manière d'en faire… Tu peux pas comprendre ! Ça a rien à voir avec tes trucs de tarlouze, c'est du théâtre de terrain ! Je vais vraiment au contact tu comprends ? … Ouais. Je perds mon temps avec toi de toute façon. Me rappelle pas, espèce de looseur !

Laurent.

– Michel a laissé tomber. Mais à quelques temps de là, il a appris dans la presse, comme tout le monde, qu'une chaîne de grande distribution avait coulé la Scoubidur en y plaçant des espions.

Clara.

– Mais oui, je me souviens ! C'était une coopérative vachement sympa avec des jeunes qui voulaient faire du bio sans se prendre la tête. Ils étaient marrants comme tout, et ils avaient botté le derrière à une centrale d'achat qu'ils avaient prise la main dans le sac.

Laurent.

– Oui, c'est ça, c'est ceux-là !

Paul.

– On disait à l'époque qu'une société de sécurité avait employé des comédiens ratés pour faire ce job dégueulasse !

Caroline.

– Faut vraiment être pourri pour faire ça !

Jean-Christian.

– Le Roi des pourris ! Le maître des traîtres ! Le rôle de ma vie ! Le jour, j'étais leur meilleur ami, le plus sympa de la bande, le plus fidèle, le plus loyal, le plus compatissant. Je les aimais du plus profond de mon cœur ces jeunes tellement courageux ! Quand ils craquaient, je les réconfortais, je leur payais un café, je faisais bénévolement des heures sup' pour qu'ils tiennent le coup, j'étais le plus encourageant, le plus bienveillant, ils venaient pleurer sur mon épaule et moi je disais : « Vas-y, pleure, ça fait du bien… ». Jamais je n'ai été aimé comme ça ! Jamais je n'ai autant aimé.

Et la nuit, quand je les trahissais… parce que c'était toujours la nuit, même en plein jour, pour moi, c'était une nuit profonde et glacée. Quand je vendais tous leurs rêves, leurs illusions, quand j'offrais en sacrifice toutes les douceurs, les regards, les caresses, les poignées de main, toute l'estime qu'ils avaient eues pour moi, je sentais le frisson de la petite mort courir dans mon dos et saisir mes entrailles.

Et l'homme à qui je vendais tout cela m'enduisait de son dégout comme d'une bave immonde et gluante que je ramenais sur ma tête pour en être entièrement souillé.

Je jouissais dans l'abjection.

PAUL.

– Il y a eu des morts non ?

LAURENT.

– Oui, à la fin… plusieurs suicides, des dépressions, les gars de la coopérative étaient ruinés… Pour se venger, Michel a dénoncé Jean-Christian aux gars de la Scoubidur. Le journal de Michel s'arrête là.

Jean-Christian sort de l'ombre et s'avance vers le public, totalement défait.

JEAN-CHRISTIAN.

– Après cela, Jean-Christian a dû retourner dans la vie ordinaire . Il s'est caché. Il voulait disparaitre, crever comme une charogne. Mais même ça, il n'a pas eu le courage de le faire. Il s'est remis debout, et il a cherché quelqu'un à manipuler, parce qu'il ne sait faire que ça. *Un temps.* J'ai cherché quelqu'un à manipuler parce que je ne sais rien faire d'autre. Comme ça, je pouvais me faire croire que j'étais debout…

AMALIA.

– Et la personne que tu as manipulée…

JEAN-CHRISTIAN.

– C'était toi, Amalia.

Il sort.
Un grand temps de silence.

AMALIA.

– Ordure !

Noir.

ACTE III

La scène est chez Clara et Laurent.
Côté jardin la porte d'entrée est masquée par un paravent.
Côté cour la porte de la cuisine.

Acte III scène I - Clara, Laurent.

LAURENT, *il entre avec un sapin de Noël, une veste d'hiver, une écharpe et des cadeaux plein les bras.*

– Ohé ! C'est moi !

Il installe le sapin et les cadeaux avec beaucoup de soin. Clara est sortie sur le pas de la porte de la cuisine, elle est énorme, sur le point d'accoucher. une cuiller en bois à la main, un tablier autour du ventre et elle le regarde tendrement tout installer.

CLARA, *après l'avoir longtemps regardé.*

– Tu es sûr qu'il ne manque rien ?

LAURENT.

– Non, pas du tout ! Je suis certain qu'il manque encore des tas de trucs mais je n'avais plus de place dans mes bras.

CLARA, *elle vient contre lui.*

– C'est vrai que tu as des tout petits bras… je parie que tu ne pourrais pas me serrer contre toi.

LAURENT, *il s'écarte pour la regarder des pieds à la tête, elle tourne sur elle-même avec une certaine grâce.*

– Non, tu as raison. Toi toute seule, ça irait encore mais là, vous êtes trop nombreuses.

CLARA.

– Tu crois que c'est une fille ?

LAURENT, *la prenant finalement dans ses bras.*

– Hmmm je le sens !

CLARA.

– Non, non, non, la seule fille que tu sens ici, c'est moi ! Moi, je suis sûre que c'est un garçon ! *(Le bébé lui donne un coup.)* Ouf ! Tu vois ! Il a dit oui !

LAURENT, *parlant au ventre.*

– Hé ho ! là-dedans !

CLARA.

– Pas la peine de crier ! Il est pas sourd !

LAURENT.

– T'as drôlement intérêt à être une fille, le seul homme à bord ici, c'est moi !

CLARA.

– Tu as peur de la concurrence, c'est ça ton problème ! Tu as peur que ton fils soit plus viril que toi !

LAURENT, *en l'enlaçant tendrement.*

– Et toi tu as peur que ta fille soit plus féminine que toi…

CLARA.

– Ah ! Tu vois que tu as les bras assez grands ! C'est curieux comme vous les hommes vous avez toujours peur d'avoir les bras trop petits…

LAURENT, *il lui caresse les seins.*

– Toi, en ce moment, tu n'as rien de trop petit.

Clara.

– Pas touche ! C'est pas pour les papas, c'est pour les bébés.

Laurent.

– Oh allez, elle peut bien me les prêter un peu ! Je lui ai apporté des tas de jouets pour Noël.

Clara.

– C'est vrai ? Qu'est-ce que tu lui as acheté ?

Laurent.

– Un train électrique, un petit chimiste et un Master Mind.

Clara.

– C'est bien choisi pour un nouveau-né… mais c'est pas tellement des jeux de fille !

Laurent.

– Oui, je sais, je pense que c'est bien de ne pas la conditionner avec des poupées en forme de pétasse et des aspirateurs. D'ailleurs j'avais prévu de lui acheter la réplique d'une Kalachnikov mais je n'avais plus de place dans ma hotte.

Clara.

– C'est bien. Je sens que tu vas être un père exemplaire.

Laurent.

– … et exigeant ! « Mange ta soupe ! », « fais du sport ! », « tais-toi quand tu parles ! », « rentre avant minuit ! »

Clara.

– Laurent…

Laurent.

– Oui…

Clara.

– Il n'est pas encore né…

LAURENT.

– Ah bon ? C'est dingue ! Personne ne me dit jamais rien dans cette maison !
On sonne.

CLARA.

– Ah ! les voilà !

LAURENT.

– Laisse, j'y vais.

CLARA.

– Profites-en pour retirer ta veste, sinon tout le monde va croire que tu es là en visite.
Il sort vers la porte d'entrée, elle sort vers la cuisine.

Acte III scène II - Les mêmes, Caroline.

On les entend dans l'entrée un peu avant de les voir.

CAROLINE.
– Salut Laurent ! *(Ils s'embrassent.)* Tu sortais ?

LAURENT.
– Non, non, Clara m'a demandé de me déshabiller…
Il retire sa veste.

CAROLINE.
– Déjà ? Moi aussi alors… *(Elle ôte son manteau.)* Pour l'instant, je garde le reste. Vous ne perdez pas de temps : la soirée n'a pas encore commencé…

LAURENT.
– Moi, tu sais, je ne discute pas les volontés d'une femme enceinte…

CAROLINE.
– Ah bon ? Parce qu'elle est enceinte ?

LAURENT.
– Je crois, oui… enfin, moi je n'y connais pas grand-chose. Mais la voilà justement, tu vas pouvoir me dire, avec ton expérience de femme.
Clara entre. Elle a ôté son tablier.

CLARA.
– Bonsoir Caroline !
Elles s'embrassent.

CAROLINE.
– Bonsoir ma belle ! Tu es magnifique !

Clara.

– Je suis une montgolfière !

Caroline.

– La plus jolie montgolfière qu'on puisse rêver. Laurent a bien de la chance !

Laurent, *faussement à part, à Caroline.*

– Alors ?

Caroline, *même jeu.*

– Alors quoi ?

Laurent, *même jeu.*

– Alors… elle est enceinte à ton avis ?

Clara.

– Arrête, idiot ! *(À Caroline.)* Il doit être content, il n'arrête pas de faire le con.

Laurent.

– Tu as vu comme elle me traite ! Et devant notre enfant en plus !

Caroline.

– Oui, mon pauvre Laurent. On voit tout de suite que tu es bien à plaindre !

Laurent, *d'un air contrit.*

– J'ai maigri…

Clara.

– Ah bon ?

Caroline.

– Ah… je n'ai pourtant pas l'impression…

Laurent.

– Ça ne se voit pas, c'est dans la tête ! C'est à cause de toute cette angoisse !

CLARA.

– Tu parles d'une angoisse ! *(Elle montre son ventre.)* C'est l'émotion du gamin qui veut voir ce qu'il y a dans le gros paquet !

CAROLINE.

– Vous ne savez toujours pas ce que c'est ?

LAURENT.

– Moi je dis que c'est un gros gâteau.

CLARA.

– Un vélo neuf !

LAURENT.

– Une encyclopédie en douze volumes !

CLARA.

– Une panoplie de Zorro !

CAROLINE.

– Peut-être que vous allez être déçus…

LAURENT.

– Bah, si c'est ça on l'échangera…

CLARA, *elle lui tape dessus.*

– T'es con ! T'es con ! T'es con !

LAURENT.

– Au secours !

On sonne, Clara et Laurent, occupés à se chamailler, n'ont rien entendu.

CAROLINE.

– Eh les mômes ! On a sonné !

LAURENT.

– J'y vais ! Retiens-la !

Il sort.

Acte III scène III - Les mêmes, Amalia, Paul.

LAURENT.
– Merci, merci les amis ! Vous me sauvez la vie !

AMALIA.
– Bonsoir Laurent, qu'est-ce qui t'arrive ?
Elle l'embrasse.

LAURENT.
– Bonsoir Amalia. C'est Clara…

PAUL.
– Salut Laurent. *(Ils s'embrassent.)* Qu'est-ce qui lui arrive à Clara ?

LAURENT.
– Ses instincts animaux sont en train de prendre le dessus.
Laurent prend les manteaux des nouveaux arrivants pour les emmener vers l'entrée.

CLARA.
– Grrrr ! Je suis une baleine-piranha !

AMALIA.
– Salut belle baleine ! *(Elle s'embrassent.)* On appelle ça une orque non ?

CLARA.
– Oui, c'est ça, une orque !

CAROLINE.
– Dans cette maison en ce moment, c'est amours, délices et orque.

PAUL, *embrassant Caroline.*

– Excellent ! Tu pètes la forme !

CAROLINE, *regardant Paul.*

– Tu n'es pas mal non plus… L'amour te réussit on dirait.

PAUL, *un peu gêné.*

– Ah oui ?

CAROLINE, *embrassant Amalia.*

– Et à toi aussi !

AMALIA, *également rougissante.*

– Arrête !

CAROLINE, *elle rit.*

– Regardez-les ! On dirait des soleils couchant !

LAURENT.

– Oui, ben moi, je trouve ça très triste. Tout le monde s'aime et personne ne fait attention à moi.

CLARA.

– Mais si, mon Laurent. Moi, je fais attention à toi, regarde : « Laurent, va servir l'apéro et que ça saute ! »

LAURENT.

– Dans mon état ? Tu n'as aucune pitié ! La paternité m'épuise !
Il sort vers la cuisine.

AMALIA.

– Alors, c'est pour quand ce bébé ?

CLARA.

– C'est pour quand il veut. Sur le papier c'est pour dans une semaine.

PAUL.

– Dans une semaine c'est Noël.

CLARA.

– Ben oui… et quand tu sais le temps qu'il faut pour avoir une place en crèche…

CAROLINE.

– … sans compter les accessoires, le bœuf, les rois mages… Tiens, voilà St Joseph !

Laurent revient avec une bouteille de vin et des verres.

LAURENT, *tout en remplissant les verres.*

– Non, c'est du Coteau du Layon. C'est mieux pour l'apéro. Le Saint Joseph ça cogne !

AMALIA.

– On ne dit pas ça, on dit « il a de la jambe !»

PAUL.

– « Il est charpenté ! »

LAURENT.

– Charpentier ! Saint Joseph il était charpentier !

CAROLINE.

– Et cocu !

CLARA.

– C'est pas ce que disait le Saint Esprit…

PAUL.

– Évidemment ! Dans ce genre de chose on n'avoue jamais !

LAURENT.

– Ah ! À propos… ! On a un truc à vous annoncer…

AMALIA.

– J'ai deviné : Clara est enceinte !

LAURENT.

– Ah bon ?

CLARA.

– Laurent, tu viens de la faire il y a pas dix minutes et c'était déjà pas drôle…

PAUL.

– Moi, je trouve ça plutôt marrant…

LAURENT, *il va embrasser Paul.*

– Merci Paul. Toi au moins, tu es un véritable ami. Ahlàlà ! Si on n'était pas emmerdé par toutes ces femmes…

AMALIA.

– On peut vous laisser si vous voulez…

CAROLINE.

– On s'arrangera très bien toutes les trois !

CLARA, *montrant son ventre.*

– Toutes les quatre !

LAURENT.

– Ah ! Tu vois que c'est une fille !

CAROLINE, *désignant le ventre de Clara.*

– Une seule ? Moi, je dirais qu'il y en a au moins une douzaine là-dedans. *(Elle pose sa tête sur le ventre de Clara.)* Combien vous êtes ? Sortez les mains en l'air !

CLARA.

– Laurent, mon amour, est-ce que je pourrais avoir autre chose que du vin ?

LAURENT.

– Mais bien sûr, Clara, mon amour ! De la limonade ça ira ?

CLARA.

– Oui, Laurent…

LAURENT, *en sortant vers la cuisine.*

– Quelle chance que la limonade veille sur notre amour !

AMALIA.

– Qu'est-ce que vous faites pour Noël ?

CLARA.

– Moi, un bébé !

LAURENT, *revenant avec la limonade.*

– Moi aussi !

PAUL.

– Nous on récupère les enfants d'Amalia et on va dans sa famille…

AMALIA.

– … essuyer le feu roulant des questions et des sous-entendus sur fond d'huitres, de foie gras et de dinde aux marrons

PAUL.

– … et après, dans la mienne où ce sera à peu près pareil, mais avec de la dinde aux marrons, du foie gras et des huitres.

AMALIA.

– Autant dire qu'on se prépare un début de dépression et une grosse indigestion… Noël, quoi.

CLARA.

– Et toi, Caroline ?

CAROLINE.

– Je crois que je vais rester toute seule.

CLARA.

– Oh ? Tu es dans une période d'abstinence ?

CAROLINE.

– Pas précisément, mais mes amants passent Noël en famille, et comme la famille c'est sacré, aucun n'a voulu emmener sa maitresse. Vous deux, je suppose que vous allez rester ici ?

LAURENT.

– Oui. Le monde se passera de nous.

CLARA.

– Mais nous le faisons venir à nous !

PAUL.

– Comment ça ?

CLARA.

– Et bien comme ça : ce soir vous êtes le monde qui vient à nous !

CAROLINE.

– Purée ! Vous avez choisi du beau monde !

LAURENT.

– Oui. Un peu trop idéal, même.

CLARA.

– Un peu trop parfait…

AMALIA.

– … vous parlez de moi ?

PAUL.

– Mais non chérie, de moi !

CAROLINE.

– Hé, Oh ! Les amoureux, lâchez-nous un peu ! En quoi c'est gênant qu'on soit parfait ?

CLARA.

– Et bien, ça n'est pas très représentatif…

LAURENT.

– Pas très réaliste.

CLARA.

– On s'est dit que pour l'enfant, ce serait mensonger de lui faire croire que tout est parfait ici-bas.

LAURENT.

– Que tout est luxe, calme et volupté…

AMALIA.

– Alors … ?

PAUL.

– Qu'est-ce que vous avez fait ?

CLARA, *à Laurent.*

– On leur dit ?

LAURENT.

– On leur dit !

CLARA.

– Et bien…

On sonne.

LAURENT.

– Ah ! le voilà !

Il sort côté jardin.

Acte III scène IV - Les mêmes, Jean-Christian.

On entend la voix de Jean-Christian sans le voir. Amalia est placée de telle sorte qu'elle voit qui vient d'entrer.

JEAN-CHRISTIAN.
– Bonsoir, Laurent.

AMALIA, *horrifiée.*
– Hein ?

PAUL.
– Qu'est-ce qu'il y a chérie ? Tu as vu un fantôme ?

AMALIA.
– Mais… mais…

CAROLINE.
– Quoi ? Qu'est-ce qu'il y a ?

Jean-Christian et Laurent entrent dans la pièce. Jean-Christian tient une bouteille et un bouquet de fleurs.

CAROLINE.
– Ah, ça par exemple ! Vous êtes devenus fous ?

JEAN-CHRISTIAN, *à Clara.*
– Tu vois que ce n'était pas une bonne idée.

AMALIA, *à Clara.*
– Ah, parce que c'est toi qui l'a invité ?

CLARA.
– Oui.

LAURENT.

– Non, c'est nous.

CAROLINE.

– Et… on peut savoir pourquoi ?

LAURENT, *il regarde Clara.*

– Tu leur dis ?

CLARA, *elle lui sourit.*

– J'aimerais bien que ce soit toi.

LAURENT.

– Bon, d'accord, je vais vous expliquer. *(Il se concentre un moment.)* Au départ, c'est une idée de Clara, mais je suis d'accord avec elle. Nous pensons que ce qui va arriver est plus important que le passé. Nous pensons que ce petit groupe de gens que nous sommes est ce qu'il peut nous arriver de mieux pour entourer la naissance du bébé. Nous pensons que nous avons conçu cet enfant lorsque nous sommes arrivés parmi vous, parmi vous tous, et nous aimerions que ce soit ce groupe, au complet, qui l'accueille.

CLARA.

– Alors comme il va certainement arriver pendant que vous fêterez Noël en famille, nous avons eu envie d'essayer de vous rassembler tous, pour être… les bonnes fées qui se penchent sur le berceau. D'accord, il n'est pas encore né, mais je le sens là, bien vivant, qui nous écoute…

LAURENT.

– En fait, nous avons eu envie de lui fabriquer une famille sur mesure parce que les nôtres ne nous plaisent pas beaucoup. Et comme dans toutes les familles, il y a un beau-frère un peu chiant, … on a invité Jean-Christian ! Non, je rigole. *(À Jean-Christian.)* Je voulais aussi m'excuser. La plaisanterie est allée trop loin et… c'était pas très drôle.

Un grand silence gêné.

JEAN-CHRISTIAN.

– Heu... Merci.

AMALIA, *elle s'approche de lui, bras croisés, très froide.*

– Et qu'est-ce que tu es devenu ? *(Elle hésite puis s'écarte dans un mouvement de colère.)* Putain ! J'y arriverai pas ! *(Elle se met à l'écart en tournant le dos au groupe.)*

PAUL, *il tend la main à Jean-Christian.*

– Je ne sais pas si tu es le bienvenu mais, bonjour quand même.

JEAN-CHRISTIAN.

– Bonjour Paul.

CAROLINE, *glaciale.*

– Salut. *(Elle aussi s'écarte du groupe et lui tourne le dos.)*

LAURENT.

– Bon ! On danse ?

AMALIA, *en colère.*

– Mais enfin, vous vous prenez pour qui ? Vous croyez que parce que vous êtes heureux vous allez changer la face du monde ? Vous croyez que ça me fait plaisir de me retrouver en face de... En face de ça ?

JEAN-CHRISTIAN.

– Pardonne-moi, Amalia... Je... Je suis désolé.

AMALIA, *elle l'imite.*

– « Je suis désolé » et je suis censée te croire ? C'est encore un de tes trucs à la mords-moi le nœud pour manipuler le monde ? *(À Clara.)* Je ne peux pas ! Il s'est trop foutu de moi ! Je pourrais

peut-être le revoir, dans dix ans, dans cent ans, mais maintenant c'est beaucoup trop tôt.
Elle sort en claquant la porte.

Paul.

– Excusez-moi…
Il sort après elle.

Acte III scène V - Clara, Laurent, Caroline, Jean-Christian.

CLARA.
— Merde.

CAROLINE.
— Ça...

LAURENT.
— Je crois qu'ils n'ont pas trouvé ça drôle.

JEAN-CHRISTIAN.
— Je vais partir, c'est de ma faute.

CLARA.
— Au point où on en est, ce serait con ! Foutu pour foutu, tu peux aussi bien rester...

LAURENT.
— Allez... j'ai préparé des toasts au fromage... Je suis sûr qu'ils vont revenir !

CAROLINE.
— Ne serait-ce que pour te casser la gueule...

JEAN-CHRISTIAN, *il tombe assis sur un fauteuil, effondré.*
— Bah ! Au point où j'en suis, qu'est-ce que ça pourrait bien faire ? De toute façon je suis foutu...

CAROLINE, *intéressée.*
— Ah ouais ?
Jean-Christian fait signe que oui.

CAROLINE.
– Foutu… mais foutu comment ?

JEAN-CHRISTIAN.
– Foutu, foutu.

CAROLINE.
– T'as le Sida ?

JEAN-CHRISTIAN.
– Mais non !

CAROLINE.
– Alzheimer ?

JEAN-CHRISTIAN.
– Non plus !

CAROLINE.
– T'es malade ?

JEAN-CHRISTIAN.
– Non. Enfin, je ne crois pas.

CAROLINE.
– Ben alors t'es pas foutu ! Qu'est-ce que tu racontes ?

JEAN-CHRISTIAN.
– J'ai été radié !

LAURENT.
– Tu bosses dans le nucléaire ?

JEAN-CHRISTIAN.
– Mais non, radié, pas irradié !

LAURENT.
– Oh pardon…

JEAN-CHRISTIAN.

– J'ai été radié de la PNL…

CLARA.

– Oh ! Sans dec' !

CAROLINE.

– Radié pour faute ?

JEAN-CHRISTIAN.

– Radié parce que je n'avais pas payé le stage…

LAURENT.

– Ah oui, le truc là, avec les ninjas !

CAROLINE.

– C'est plutôt une bonne nouvelle non ?

JEAN-CHRISTIAN.

– Je ne sais rien faire d'autre. Je suis trop nul. Je mens et je triche depuis toujours.

CLARA.

– Et là, tu mens ?

JEAN-CHRISTIAN.

– Je n'en sais rien. C'est bien possible. Je ne sais plus faire la différence.

CLARA.

– Aaaaaah !

LAURENT.

– Quoi, aaaaah ?

CLARA.

– Ça y est !

LAURENT.

– Comment ça, ça y est ?

CLARA.

– Ça a commencé ! Je perds les eaux !
Une grande quantité d'eau se déverse sous elle.

LAURENT.

– Nom de Dieu !

CAROLINE.

– Quoi ? Qu'est-ce qu'il y a ?

LAURENT.

– C'est le bébé ! C'est les eaux ! Il arrive !

JEAN-CHRISTIAN.

– Mais, mais… Pourquoi ?

LAURENT.

– Pour voir la tête que t'as, tiens ! Viens m'aider !

JEAN-CHRISTIAN.

– Moi ?

Laurent l'entraîne au dehors. Ils reviennent presque aussitôt avec un seau, un balai et une serpillière et commencent à nettoyer par terre.

CLARA, *toute excitée.*

– T'as vu ? T'as vu la quantité ? C'est dingue non ?

CAROLINE.

– Il faut aller à l'hôpital !

LAURENT.

– Non, non. On a tout prévu. Le bébé va naître ici.

JEAN-CHRISTIAN.

– Hein ? Vous êtes dingues !

CAROLINE.

– Mais pourquoi ?

CLARA.

– Parce qu'ici c'est chez lui…

LAURENT.

– Chez nous.

JEAN-CHRISTIAN.

– Mais enfin… Les bébés, ça se fait à l'hôpital !

CLARA.

– Ah bon ? Nous, on l'a fait dans la chambre je crois.

LAURENT.

– Pas sûr… C'était peut-être dans la voiture…

CLARA.

– Ah oui, je me rappelle. Hmm, c'était bien ! Ou peut-être dehors, tu te rappelles ? Sous les étoiles…

LAURENT.

– Ah oui… Il y avait un arbre au-dessus de nous.

CLARA.

– Aaaah !

CAROLINE.

– Quoi, qu'est-ce qu'il y a ?

CLARA.

– Rien, c'est rien… Juste une contraction…

LAURENT.

– Ça fait mal ?

CLARA, *radieuse*.

– Oui, non, je ne sais pas… Je voudrais m'allonger.
Elle s'appuie sur Laurent.

LAURENT, *à Jean-Christian.*

– Mais fais quelque chose ! Tu vois bien qu'elle veut s'allonger !

JEAN-CHRISTIAN.

– Mais, mais je fais quoi ?

CAROLINE.

– Ahlàlà, mais quel cornichon ! Va chercher des coussins, des trucs.
Elle l'entraîne au-dehors.

Acte III scène VI - Clara, Laurent.

CLARA, *appuyée sur le bras de Laurent, pliée en deux par les contractions et le visage illuminé par un immense sourire.*
– Ça va Laurent ?

LAURENT.
– Même pas peur !

CLARA.
– Comme tu es fort !

LAURENT.
– Ben encore heureux ! T'es drôlement lourde !

CLARA.
– Tu vas voir, je vais redevenir légère bientôt. Mais il faut que tu me soutiennes encore un peu.

LAURENT.
– Je t'aime !

CLARA.
– Oui, je sais, Aaaaah !

LAURENT.
– Essaye de faire des phrases ! C'est pas clair !

CLARA, *elle rit.*
– Qu'est-ce que t'es con !

LAURENT.
– Et voilà ! On essaye de détendre l'atmosphère et on se fait insulter.
Il s'essuie les yeux.

CLARA.

– Tu pleures ?

LAURENT.

– Tu me prends pour une gonzesse ?

CLARA.

– T'as le droit tu sais, tant que tu ne me lâches pas…

LAURENT.

– Tu peux compter sur moi.

CLARA.

– Je sais.

LAURENT.

– Bon, qu'est-ce qu'ils font les deux comiques ?

CLARA.

– T'inquiète pas, tout va bien se passer !

LAURENT.

– Tout va bien se passer tu parles ! T'as vu le bordel que t'as foutu !

CLARA.

– Les enfants, c'est comme ça. Ça fout le bordel !

LAURENT.

– Putain, si j'avais su…

CLARA.

– Tu veux bien arrêter de dire des gros mots en sa présence ?

LAURENT.

– Alors, il est même pas encore là et déjà je peux pas dire ce que je veux…

CLARA.

– Pauvre Laurent !

LAURENT.

– Tu crois que je pourrai jouer au foot avec lui ?

CLARA.

– Il va falloir attendre un petit peu…

LAURENT.

– Rhâh tu vois, et je peux même pas faire ce que je veux, non plus…

Acte III scène VII - Les mêmes Jean-Christian, Caroline.

Jean-Christian et Caroline reviennent les bras chargés d'oreillers, de couvertures et de tout un paquet de trucs qu'ils mettent par terre pour faire un lit à Clara.
À parti de ce moment, Clara est allongée sur le dos, la tête vers le public qui ne voit que sa nuque.

LAURENT.
Jean-Christian Ah, merci ! Voilà. Allonge-toi.
Clara s'allonge.

CLARA.
– Aaah, merci beaucoup. Je suis bien, merci.

JEAN-CHRISTIAN.
– De rien… Tu es sûre que ça va ?

CLARA.
– Oui, Jean-Christian. Ça va très bien, merci.

CAROLINE.
– Vous êtes sûrs que vous ne voulez pas appeler l'hôpital ou quelqu'un ?

LAURENT.
– Clara ?

CLARA.
– Non. Ça va, merci. Ne t'inquiète pas, Caroline. Nous avons pris notre décision depuis longtemps. Il y a une sage-femme que nous pouvons appeler en cas de besoin. Mais pour le moment, tout va bien.

JEAN-CHRISTIAN.
– Est-ce qu'il y a quelque chose que je peux faire pour vous ?

CLARA.
– Oui. Tu peux essayer de retrouver Paul et Amalia, et tu leur dis que j'aimerais qu'ils soient là.

JEAN-CHRISTIAN.
– Tu… Tu es sûre ?

CLARA.
– S'il te plaît…

LAURENT.
– Je viens avec toi.

CLARA.
– Ne pars pas trop longtemps !

LAURENT.
– On va juste faire la tournée des bistrots et puis on revient.

CLARA.
– Super ! Merde, Laurent, c'est pas drôle ! Embrasse-moi.

LAURENT, *il l'embrasse.*
– Je vais faire le plein d'histoires drôles et je reviens, promis !

CLARA.
– Baisse un peu la lumière en sortant.

LAURENT.
– Attends, je te mets de la musique.

Musique.
Laurent et Jean-Christian sortent. La lumière baisse un peu.

Acte III scène VIII - Clara, Caroline.

Caroline s'installe auprès de Clara. Il y a un long moment de silence

CAROLINE.

– Ça va ?

CLARA.

– Oh oui… *(Un silence.)* Caroline ?

CAROLINE.

– Oui.

CLARA.

– Tu as des enfants ?

CAROLINE.

– Non.

CLARA.

– Tu n'as jamais été enceinte ?

CAROLINE.

– Si, mais pas longtemps.

CLARA.

– Tu n'en veux pas ?

CAROLINE, *après un silence.*

– Je pense que non.

CLARA.

– Tu n'en as jamais voulu ?

CAROLINE.

– Je ne sais pas. Quand j'étais jeune, j'avais envie d'être mère. Mais je ne sais pas si c'était moi qui en avais envie ou si c'était quelque chose d'appris… Toutes les adolescentes ont envie un jour ou l'autre d'avoir un bébé, ne serait-ce que pour voir ce que ça fait.

Clara.

– Moi, j'ai très envie de voir ce que ça fait.

Caroline.

– C'est comment ?

Clara.

– C'est… Je ne saurais même pas dire. Ça me fait peur, et en même temps, j'ai l'impression de faire quelque chose de tellement important ! J'ai le trac. Il y a neuf mois qu'on se connaît lui et moi, mais c'est maintenant qu'on va faire connaissance. *Elle pleure.*

Caroline.

– Pourquoi tu pleures ?

Clara.

– J'espère qu'il ne sera pas déçu quand il me verra !

Caroline, *elle rit.*

– Il faudrait vraiment qu'il ait un goût de chiotte !

Clara.

– C'est vrai, tu me trouves belle ?

Caroline.

– Oui. Je te trouve très belle. Je t'ai tout de suite trouvée très belle, depuis le premier jour où je t'ai vue. Et plus tu étais enceinte, et plus tu étais belle.

Clara, *elle rit.*

– Tu dis ça parce que tu es amoureuse…

CAROLINE, *riant aussi.*

– C'est bien possible.

CLARA.

– Aaaaah ! *La contraction passe, Clara se détend.*

CAROLINE.

– Tu as mal ?

CLARA.

– Oui, non, je ne sais pas. C'est fort.

CAROLINE.

– Comment ça fait ?

CLARA.

– Ça fait… Comme quand tu as mal pendant les règles, tu vois ?

CAROLINE.

– Oui.

CLARA.

– C'est comme ça, mais beaucoup plus grand, et tu as le ventre qui devient dur… Donne ta main. Tu vas la poser sur mon ventre, comme ça, tu sentiras.
Caroline pose sa main sur le ventre de Clara.

CAROLINE.

– Il est tendu comme un ballon.

CLARA.

– Oui. Il doit être tout serré là-dedans. Il est temps de sortir ! *Un silence.* Caroline ?

CAROLINE.

– Oui ?

CLARA.

– Je suis contente que tu sois là.

CAROLINE.

– Tu veux que je reste ?

CLARA.

– Oui, s'il te plaît. Tu veux bien ?

CAROLINE.

– Oui, ça me fait plaisir. Mais Laurent ? Qu'est-ce qu'il va dire ?

CLARA.

– On en a déjà parlé. Lui aussi il aimerait que tu sois là.

CAROLINE.

– Alors c'est avec plaisir.

CLARA.

– Tu sens ? Il y en a une qui arrive… Aaaaah !

CAROLINE.

– Oh, mon Dieu !

Entrent Paul et Laurent

Acte III scène IX - Les mêmes, Paul, Laurent.

Paul et Laurent retirent leurs manteaux.

LAURENT.
– C'est nous !

CLARA.
– Vous avez perdu les autres ?

LAURENT.
– Amalia est restée dehors avec Jean-Christian. Ils ont des choses à se dire.

PAUL, *très gentiment.*
– Alors petite fille, c'est le grand moment !

CLARA.
– C'est gentil de me dire petite fille, Paul, mais je suis grande maintenant tu sais…

CAROLINE.
– Oh, pas tant que ça…

LAURENT.
– Paul ne voulait pas entrer. Il ne voulait pas déranger.

CAROLINE.
– Paul a toujours peur de déranger ! C'est comme ça !

CLARA.
– Paul ?

PAUL.
– Oui, Clara.

CLARA.

– Ça ne me dérange pas que tu sois là. Ça me fait plaisir.

PAUL.

– Merci.

CLARA.

– Tu as des enfants ?

PAUL.

– J'ai un fils. Il est grand maintenant.

CLARA.

– Tu l'as vu naître ?

PAUL.

– Non.

CLARA.

– Tu aurais aimé ?

PAUL.

– J'ai refusé d'y assister. J'avais peur. Et ma femme n'avait pas envie que je sois là, que je la voie comme ça… *(Un silence.)* Oui, j'aurais aimé y assister. Mais, à l'hôpital…

CLARA.

– Paul, ça me ferait plaisir que tu voies naître mon enfant. Tu veux bien ?

PAUL.

– Je ne sais pas… Qu'est-ce que tu en dis Laurent ?

LAURENT.

– Ça me ferait plaisir aussi.

CAROLINE.

– Mais dites donc, il va y avoir foule !

PAUL.
– Ah parce que toi aussi ?

CAROLINE.
– Oui. Ça t'ennuie ?

PAUL.
– Non, au contraire.

CAROLINE, *très émue.*
– Oh, Paul…

La lumière baisse un peu. Musique
Les uns et les autres vont et viennent dans la pièce sauf Clara, qui reste allongée. Laurent remplace Caroline auprès d'elle. Caroline et Paul dansent un slow très lent et très tendre. La musique s'arrête. La lumière revient.

Entre Jean-Christian.

Acte III scène X - Les mêmes, Jean-Christian.

PAUL.

– Où est Amalia ?

JEAN-CHRISTIAN.

– Elle est repartie chez elle chercher quelque chose. Elle revient.

CLARA.

– Vous avez pu parler ?

JEAN-CHRISTIAN.

– Oui.

Un silence.

LAURENT.

– Et… ?

JEAN-CHRISTIAN.

– Et… C'est bien…

CAROLINE, *ironique.*

– Que d'émotion !

JEAN-CHRISTIAN.

– Qu'est-ce que tu veux que je te dise… On s'est parlé pour la première fois depuis… On s'est parlé pour la première fois. Ça me fait drôle, je ne comprends même pas ce que je dis.

LAURENT.

– Comment ça ?

JEAN-CHRISTIAN.

– Tu vois, je parle, et j'écoute ce que je dis… Je m'entends, j'entends ce que je dis.

PAUL.

– Ah oui, je comprends. Avant, tu n'écoutais que ce que disaient les autres.

CLARA, *prise de contraction.*

– Aaaaaah ! *(Elle les regarde en se marrant.)* Non, je rigole !

CAROLINE.

– C'est malin !

LAURENT.

– Hé, oh ! Les blagues nulles, ici, c'est moi qui les fais !

JEAN-CHRISTIAN.

– Ça…

LAURENT.

– Tu sais, Jean-Christian, je m'excuse pour l'autre fois. C'est allé vraiment trop loin. J'ai été con.

JEAN-CHRISTIAN.

– Mais je ne t'en veux pas. Enfin, pas trop. Je crois que ça m'a fait du bien.

PAUL.

– En tout cas, à nous, c'est sûr que ça a fait du bien. Et à Amalia aussi.

JEAN-CHRISTIAN.

– Je sais. On vient d'en parler justement. C'est bien de pouvoir fermer la porte et tout ça. On s'est dit de vraies choses.

CLARA.

– Mais bon. Ça nous regarde pas vraiment non plus…

CAROLINE.

– Même, on s'en fout complètement !

JEAN-CHRISTIAN.

– OK, OK ! Je me tais !

CLARA.

– Jean-Christian.

JEAN-CHRISTIAN.

– Oui ?

CLARA.

– Est-ce que tu veux bien rester là pour l'accouchement ?

JEAN-CHRISTIAN.

– Ohlàlà ! Mais pour quoi faire ?

CLARA.

– Parce que j'ai envie.

JEAN-CHRISTIAN.

– C'est une drôle d'idée…

LAURENT.

– C'est pas une idée, c'est une envie. C'est parce qu'elle est enceinte. T'avais pas remarqué ?

PAUL.

– Attendez ! Tout à l'heure, avant que tu arrives, Jean-Christian, Clara nous a dit qu'elle t'avait invité…

CLARA.

– Pour que le bébé sache que tout n'est pas parfait ici-bas !

JEAN-CHRISTIAN, *il éclate de rire.*

– C'est pour ça ? Alors ça me va. Vous, vous serez les bonnes fées, et moi je suis la fée Carabosse.

LAURENT.

– Mais tu fais gaffe hein ! J'ai pas envie que mon gamin dorme pendant cent ans ! On n'a même pas la télé…

PAUL.

– Parce que la belle au bois dormant elle avait la télé ?

LAURENT.

– À tous les coups ! Sinon c'est trop long…

CLARA.

– À moins d'avoir un prince charmant sous la main, pas vrai mon charmant prince ?

LAURENT.

– C'est gentil ça…

CAROLINE.

– Bon, si on gêne…

CLARA, *dans un spasme.*

– Aaaaah !

LAURENT.

– Arrête ton char, on n'y croit plus maintenant !

CLARA, *plus fort.*

– Aaaaah !

JEAN-CHRISTIAN.

– Non mais tu vois bien que c'est pas des conneries là !

LAURENT.

– Et qu'est-ce que t'y connais, Carabosse ? C'est ma femme, je sais ce que je dis !

CLARA, *encore plus fort.*

– Aaaaah !

LAURENT.

– Quoi ? Qu'est-ce qu'il y a ? Tu as mal ? Putain Jean-Christian, elle a mal, fais quelque chose !

JEAN-CHRISTIAN.

– Mais qu'est-ce que tu veux que je fasse ?

LAURENT.

– Mais comment tu veux que je le sache ?

CLARA, *la contraction s'arrête, elle rigole, épuisée.*

– Quelle bande de nuls ! Aïe, j'ai mal au ventre…

PAUL.

– Hé, les nuls c'est eux ! Moi, j'ai rien fait !

CAROLINE.

– Et t'en es fier !

PAUL.

– Je ne suis pas sage-femme moi !

CAROLINE.

– Ouais… Mais comme homme, moi je te trouvais plutôt trop sage…

PAUL, *avec un petit sourire plein de sous-entendus.*

– En ce moment, ça s'arrange.

Acte III scène XI - Tous.

Entre Amalia. Elle porte un panier.

####### AMALIA.
— On parle de moi ?

####### CAROLINE.
— Oui, parfaitement ! Paul allait nous livrer des détails croustillants sur votre vie sentimentale…

####### AMALIA.
— Ah… Je suis arrivée trop tôt alors…

####### JEAN-CHRISTIAN.
— On dirait !

####### AMALIA, *presque en colère.*
— Jean-Christian ? Tu es encore là ?

####### JEAN-CHRISTIAN.
— On dirait !

####### LAURENT.
— Laisse, Amalia, il a un rôle !

####### PAUL.
— C'est lui la fée Carabosse !

####### CLARA, *elle rit.*
— Me faites pas rigoler, ça me fait mal.

####### AMALIA.
— Ah oui, c'est vrai que c'est un accouchement ! *(Elle regarde autour d'elle.)* On dirait plutôt un gros bordel… Heureusement que je suis là !

CAROLINE.

– Pourquoi ? T'es passée à ta pharmacie pour rappeler à Clara que quand on accouche c'est qu'on est malade ?

AMALIA.

– Pour qui tu me prends ? Je suis passée à la maison, parce que, mes cocos, un accouchement, surtout quand c'est le premier, c'est long, très long !

JEAN-CHRISTIAN.

– Et alors ?

AMALIA.

– Et alors, je suis allée chercher de quoi manger, mes petits amis ! Du pain, du jambon, des cornichons, du fromage… De quoi tenir un moment.

LAURENT, *il prend un sandwich dans le panier.*

– Et tu crois qu'on va avoir le cœur à manger dans un moment pareil ?

AMALIA.

– Heu, oui.

LAURENT.

– Eh bien t'as bien raison ! *(Il mord à belles dents dans le sandwich.)*

CLARA.

– Aaaaaah !

LAURENT.

– Quoi ?

CLARA.

– Et moi !

PAUL.

– Mais c'est pas de façons de demander ça !

CLARA.

– M'en fous, la vedette du jour c'est moi, j'ai tous les droits ! Aaaaah !

AMALIA, *elle fouille dans son panier.*

– J'ai aussi apporté un jeu de cartes…
La lumière baisse presque jusqu'au noir.

Acte III scène XII - Tous.

Retour de la lumière. C'est la nuit, plus tard. Ils dorment tous sauf Jean-Christian. Caroline se réveille.

CAROLINE, *chuchotant.*

– Tu dors pas ?

JEAN-CHRISTIAN, *même jeu.*

– Non.

CAROLINE.

– Tu réfléchis ?

JEAN-CHRISTIAN.

– Je sais pas. Ça tourne dans ma tête… Je sais pas si c'est ça, réfléchir.

CAROLINE.

– Tu regrettes ?

JEAN-CHRISTIAN.

– Oui, non, je sais pas.

CAROLINE.

– Ça t'emmerde mes questions ?

JEAN-CHRISTIAN.

– C'est drôle qu'on soit là, comme ça…

CAROLINE.

– Ouais.

JEAN-CHRISTIAN.

– Je me demande ce que je fais là.

CAROLINE.

– La fée Carabosse.

JEAN-CHRISTIAN.

– Arrête…

CAROLINE.

– La fée PNL si tu veux… C'est pareil…

JEAN-CHRISTIAN.

– Comment ça ?

CAROLINE.

– Elle ment, elle jette des mauvais sorts…

JEAN-CHRISTIAN.

– La PNL ne lance pas de mauvais sorts…

CAROLINE.

– Elle fait croire aux gens qu'ils peuvent en lancer, c'est pareil…

JEAN-CHRISTIAN.

– C'est pas des sorts !

CAROLINE.

– C'est de la manipulation, c'est pareil…

JEAN-CHRISTIAN.

– Mouais…

CAROLINE.

– Ici, dans un accouchement, tu ne peux rien manipuler, tout est… essentiel, même ce que tu ne comprends pas.

JEAN-CHRISTIAN.

– Alors, comment tu fais en face de ce qui est essentiel ?

CAROLINE.

– Je ne sais pas, je n'ai jamais eu d'enfants…

JEAN-CHRISTIAN.

– T'es con.

CAROLINE.

– Mais il y a certainement mieux à faire que d'imiter l'autre non ?

JEAN-CHRISTIAN.

– Je sais pas…

CAROLINE.

– Ouais. Tu sais pas grand-chose hein ?

JEAN-CHRISTIAN.

– P'têt'bien.

Laurent se réveille.

LAURENT.

– Vous dormez pas ?

CAROLINE.

– Si, mais on parle en dormant…

LAURENT.

– Même pas vrai…

CAROLINE.

– Qu'est-ce que tu fais devant les choses essentielles toi ?

LAURENT.

– Ben… En général j'essaie de voir si je peux les éviter…

CAROLINE.

– Mais là, la naissance de ton petit, c'est essentiel non ?

LAURENT.
– Ouais… Ben, j'ai dormi, je crois.

CAROLINE.
– Pfff…

JEAN-CHRISTIAN.
– Toi aussi, Caroline tu as dormi. T'as même ronflé !

CAROLINE.
– Mais moi je ne suis pas son père à ce môme…, pas sa mère non plus d'ailleurs.

JEAN-CHRISTIAN, *jette un œil du côté de Clara.*
– De toute façon elle dort aussi.

LAURENT.
– Tant mieux…

CAROLINE.
– Faudrait quand même qu'elle se réveille pour pas rater la fin…

LAURENT, *il rit.*
– T'es con…

CLARA.
– Aaaaah !

AMALIA, *en sursaut, dans son sommeil.*
– Hein ? Quoi ? Qu'est-ce qu'il y a ?

PAUL, *la prend contre lui en rêvant. Il parle mais on ne comprend rien.*
– Rmgngnrmgn.
Amalia et Paul se rendorment, enlacés.

CAROLINE.
– Quelle nuit à la con !

JEAN-CHRISTIAN.

– Ça ne te plaît pas ?

CAROLINE.

– J'ai pas dit ça…, j'ai juste dit que c'était une nuit à la con.

LAURENT.

– Moi, c'est la plus belle nuit de ma vie.

CAROLINE.

– Tu parles ! T'as dormi…

LAURENT.

– Je vais faire du café.

JEAN-CHRISTIAN.

– Je viens t'aider. On sera pas trop de deux…

CAROLINE.

– Allez-y, je veille !

Ils sortent.

CAROLINE, *après un silence.*

– Moi aussi c'est la plus belle nuit de ma vie…

CLARA.

– Caroline !

CAROLINE.

– Oui, quoi ?

CLARA.

– Ça y est !

CAROLINE.

– Quoi… ? *(Elle réalise.)* Hein ? Déjà ? *(Elle se lève précipitamment.)* Hé ! Réveillez-vous ! Faites quelque chose ! Ça y est !

AMALIA.

– Paul, réveille-toi ! Ça y est, il arrive !

PAUL, *complètement dans les vapes.*

– Ah oui… Très bien, il arrive… Oui, oui…

CLARA, *dans un grand cri d'effort.*

– Aaaaah ! Laurent ! Nom de Dieu de nom de Dieu que ça fait mal !

CAROLINE, *vers la cuisine.*

– Laurent ! Viens ! C'est maintenant

JEAN-CHRISTIAN, *sort de la cuisine.*

– Quoi ? *(Vers la cuisine.)* Laurent, vite !

LAURENT, *sort à son tour, il se précipite vers Clara.*

– Clara, je suis là, tout va bien, c'est bon, c'est bon…
Laurent se met à genoux devant Clara. Tous les autres viennent s'installer derrière lui, les yeux rivés sur l'accouchement. Clara pousse de toutes ses forces et tous, ils imitent exactement les mimiques de son visage, ils ouvrent la bouche quand elle crie, portent la main à leur visage quand elle le fait, agrippent le bras de leur voisin quand elle attrape celui de Laurent.
Jean-Christian se met à l'écart.

LAURENT.

– Je vois sa tête !

CLARA.

– Ben c'est pas trop tôt ! Aaaaah !

AMALIA.

– Aaaaah !

CAROLINE.

– Aaaaah !

PAUL.

– Aaaaah !

CLARA.

– J'y arrive pas !

TOUS ENSEMBLE.

– Mais si, allez, courage, pousse, vas-y, pousse encore, allez, c'est bon, ça y est presque !

LAURENT.

– Ça y est, il sort !

CAROLINE.

– Oh mon Dieu !

CLARA.

– Mon bébé !

Laurent lui pose le bébé sur le ventre. Ils sont tous hors d'eux-mêmes, ils rient, ils pleurent, ils s'embrassent, ils se félicitent. Clara reste seule avec son bébé dans les bras, exténuée.
Après un long moment de liesse.

PAUL.

– Qu'est-ce qui ne va pas Jean-Christian ?

JEAN-CHRISTIAN.

– Je… Je ne veux plus faire ça.

PAUL.

– Faire quoi ?

JEAN-CHRISTIAN.

– Vous êtes tous devant Clara qui accouche, vous m'avez tous dit qu'on ne résout aucun problème en imitant celui qui vous parle, mais c'est exactement ce que vous faites. Elle pousse, vous poussez, elle respire, vous respirez, elle souffre, vous souffrez…

AMALIA.

– Ben oui, c'est de l'empathie !

CAROLINE.

– Toi, quand tu fais ça, c'est de la manipulation.

JEAN-CHRISTIAN.

– C'est quoi la différence ? Vous croyez que quand vous faites les mêmes mouvements que Clara vous l'empêchez d'avoir mal ?

LAURENT.

– Moi, je sais que je l'aide.

CLARA.

– Et c'est vrai ! Ça m'aide vraiment

JEAN-CHRISTIAN.

– Et pourquoi quand c'est moi, ça n'aide pas ?

PAUL.

– Sincèrement, Jean-Christian, tu avais envie d'aider quand tu faisais ça ?

AMALIA.

– Si tu dis oui, je ne te croirai pas.

CAROLINE.

– Au fait, c'est une fille ou un garçon ?

LAURENT.

– Je ne sais pas, je n'ai pas vu…

AMALIA.

– Ben bien sûr ! Tu pleurais trop !

JEAN-CHRISTIAN.

– Paul, t'as vu toi ?

PAUL.

– Non, rien du tout…

LAURENT.

– Clara… Clara ? *(Il s'approche d'elle très tendrement.)* Chut ! Regardez, elle dort !
Ils s'approchent tous d'elle et prennent tous l'expression apaisée et heureuse de Clara avec son bébé.

Fin

Acte premier	**4**
Acte I scène I - Amalia.	4
Acte I scène III - Amalia, Jean-Christian, Clara, Laurent.	9
Acte I scène IV - Amalia, Jean-Christian, Clara, Laurent, Caroline, Paul.	12
Acte I scène V - Tous.	25
Acte I scène VI - Les mêmes, puis Amalia et Jean-Christian seuls.	32
Acte II	**37**
Acte II scène I - Paul puis Amalia.	37
Acte II scène II - Amalia, Caroline.	42
Acte II scène III - Clara, Caroline.	48
Acte II scène IV - Laurent , Jean-Christian.	54
Acte II scène V, Caroline, Laurent, puis Paul, Amalia, Clara, puis Jean-Christian.	63
Acte II scène VI - Laurent, Clara, Caroline, Paul, puis Amalia.	68
Acte II scène VII - Tous.	71
Acte III	**76**
Acte III scène I - Clara, Laurent.	76
Acte III scène II - Les mêmes, Caroline.	80
Acte III scène III - Les mêmes, Amalia, Paul.	84
Acte III scène IV - Les mêmes, Jean-Christian.	91
Acte III scène V - Clara, Laurent, Caroline, Jean-Christian.	95
Acte III scène VI - Clara, Laurent.	101
Acte III scène VII - Les mêmes Jean-Christian, Caroline.	104
Acte III scène VIII - Clara, Caroline.	106
Acte III scène IX - Les mêmes, Paul, Laurent.	110
Acte III scène X - Les mêmes, Jean-Christian.	113
Acte III scène XI - Tous.	118
Acte III scène XII - Tous.	121

www.ingramcontent.com/pod-product-compliance
Lightning Source LLC
Chambersburg PA
CBHW071703040426
42446CB00011B/1883